良渚 LIANGZHU

良渚博物院
良渚研究院 组编

东南大学出版社
·南京

编委会

组　　编　良渚博物院　良渚研究院

主　　编　骆晓红　赵晓豹
编　　委　骆晓红　赵晓豹　柏云俊　夏　勇
　　　　　周　苏　贾昌杰　高海彦　王加点
项目指导　杭州良渚遗址管理区管理委员会
学术指导　浙江省文物考古研究所
技术支持　南京大学多媒体科学与教育制作中心
　　　　　江苏兆物数字文化传媒有限公司

视频制作　安来昊　王　翀　张　潇
　　　　　吕灿灿　刘迎节　宋建香

美术指导　柳　轩

序

良渚，实证中华5 000多年文明史的圣地。

2019年7月6日，是一个激动人心的日子。这一天，世人翘首企盼的"良渚古城遗址"在第43届世界遗产大会上成功列入《世界遗产名录》，标志着中华5 000年文明史得到了世界范围的普遍认可。

1936年12月，良渚考古的先驱者施昕更先生在他的家乡杭县良渚镇（今杭州市余杭区良渚街道）进行了首次良渚遗址的发掘，自此拉开了良渚考古研究的序幕。在一代代考古工作者的共同努力下，历经80多年的考古研究表明：早在距今5 300—4 300年的这个时代，在我国长江下游环太湖流域曾经存在过一个已进入成熟文明的早期国家，而良渚古城遗址正是这个早期国家的权力与信仰中心。良渚申遗的过程中，国际古迹遗址理事会（ICOMOS）的专家在实地考察良渚后认为，良渚古城遗址代表了5 000年前中国史前稻作文化的伟大成就，是早期城市文明的杰出典范。

作为世界遗产的良渚古城遗址，包含规模宏大的城址、功能复杂的外围水利系统、分等级墓地（含祭坛）等一系列相关遗址，以及以具有信仰与制度象征的系列玉器为主的出土物。其中，良渚古城由宫殿区、内城和外城组成，被誉为"中华第一城"；古城外围的水利系统由11条堤坝组成，也是中国乃至世界范围内最早最完备的水资源管理工程。5 000多年前的良渚古城遗址已经出现了发达的稻作农业、复杂的社会分工、明显的阶层分化和统一的精神信仰。这些早期国家的特征为新石器时代晚期和青铜时代早期中国及区域文化认同、社会政治组织和社会文化发展提供了独一无二的证据。

一直以来，良渚古城遗址所在的浙江省、杭州市、余杭区党委政府以及杭州良渚遗址管理区管委会全面贯彻落实习近平总书记关于良渚遗址保护申遗工作的重要批示指示精神，牢固树立"保护文物也是政绩"的科学理念，认真落实好文化遗产保护的属地责任，通过创新管理体制、完善保护规划、健全保护体系等手段，让良渚古城遗址得以科学、真实、完整地保存至今。2019年7月，建成并对外开放的良渚古城遗址公园已经成为广大社会公众体验文化、感悟历史的精神家园。

作为专门收藏、研究、展示和宣传良渚文化的考古遗址博物馆，良渚博物院自建馆之初便致力于良渚文化的推广普及。近些年来，随着新技术、新手段在文物保护领域的运用，良渚博物院从2014年开始，就开启了文物数字化的保护进程，先后开展了"良渚博物院文物数字化保护""文物数字资源整合与分级创建""基于裸眼3D屏幕显示技术的文物数字资源制作与应用"等多项文物保护的省级课题，探索了一条从文物数字采集到文物数字展示再到文化传播推广的文物数字化建设路径，积累了大量丰富的良渚文化文物数字作品，有效地推动了良渚文化的科普转化和大众普及。本书是这些年来良渚文物数字化保护研究成果的集大成之作，我们在梳理完成文稿内容的同时，对相关文物数字作品进行了更新完善，以期为广大公众提供更为优质、丰富的精神食粮，为更好地阐述良渚文化、讲述中国故事尽一些绵薄之力。

5 000年也许并不遥远。在良渚，拂去历史的尘埃，远山环抱的都城、巍峨层叠的宫殿、热火朝天的劳作……这些画面仿佛就在眼前。逝去的良渚古国并未带走文化的因子，它如涓涓细流汇入了中华文明"延绵不断、多元一体、兼收并蓄"的历史发展长河。步入后申遗时代的良渚，良渚文化的保护传承与活态利用更是只有逗号没有句号，永远在路上。我们坚信良渚文化在现代文明发展中一定会更加历久弥新，在与时偕行、不断吸纳时代的精华中，熠熠生辉、别样精彩！

是为序。

良渚博物院
良渚研究院

目录

本书重要概念 ·· 001

第 1 章 灿若星辰 ··· 003
1.1 良渚文化和良渚古城 ··· 004
1.2 良渚时代的中国与世界 ··· 008

第 2 章 城乡分野 ··· 013
2.1 良渚古城区域的自然地理环境与文化发展脉络 ············· 014
2.2 良渚古城：水上王都 ··· 017
2.2.1 古城的选址 ··· 017
2.2.2 规划和功能布局 ·· 017
2.2.3 古城发现的历史意义 ·· 022
2.3 郊区 ··· 024

第 3 章 临水而居 ··· 027
3.1 筑土堆墩 ·· 028
3.1.1 莫角山宫殿区的堆筑 ·· 028
3.1.2 古城城墙的堆筑 ·· 032
3.1.3 浩大的堆筑工程量 ··· 033
3.2 人工水系 ·· 035
3.3 清洁水源 ·· 040
3.4 水利系统 ·· 044

3.4.1　布局与组成 ……………………………………… 045

3.4.2　建造时间 ………………………………………… 048

3.4.3　建设规模 ………………………………………… 049

3.4.4　功能作用 ………………………………………… 051

3.4.5　水利系统的历史意义 …………………………… 053

第4章　饭稻羹鱼 ……………………………………………… 055

4.1　农业 ……………………………………………………… 056

4.1.1　稻作 …………………………………………………… 056

4.1.2　良渚先民的食物 ……………………………………… 061

4.2　制陶 ……………………………………………………… 065

4.2.1　日常用陶 ……………………………………………… 065

4.2.2　丧葬用陶 ……………………………………………… 070

4.2.3　礼仪用陶 ……………………………………………… 070

4.2.4　陶器的制作 …………………………………………… 072

4.3　制石 ……………………………………………………… 073

4.3.1　石器的分类 …………………………………………… 073

4.3.2　石料选择 ……………………………………………… 081

4.4　纺织 ……………………………………………………… 083

4.5　漆器 ……………………………………………………… 086

4.6　房屋建筑 ………………………………………………… 088

4.6.1　宫殿建筑 ……………………………………………… 090

4.6.2　民居建筑 ……………………………………………… 093
　4.7　木作 ………………………………………………………… 094
　4.8　刻画符号与原始文字 ……………………………………… 098
　　4.8.1　刻画符号 ……………………………………………… 099
　　4.8.2　原始文字 ……………………………………………… 102

第5章　玉出东方 ……………………………………………… 107

　5.1　良渚玉器 …………………………………………………… 108
　　5.1.1　玉礼器 ………………………………………………… 108
　　5.1.2　一般礼仪性玉器 ……………………………………… 116
　　5.1.3　一般装饰性玉器 ……………………………………… 118
　5.2　治玉工艺 …………………………………………………… 119
　　5.2.1　玉料及来源 …………………………………………… 119
　　5.2.2　加工玉石的工具 ……………………………………… 122
　　5.2.3　治玉工艺 ……………………………………………… 122

第6章　神王之国 ……………………………………………… 127

　6.1　精神信仰 …………………………………………………… 128
　　6.1.1　神徽 …………………………………………………… 128
　　6.1.2　祭坛 …………………………………………………… 131
　6.2　社会等级 …………………………………………………… 136
　　6.2.1　等级墓葬 ……………………………………………… 136

  6.2.2 聚落分化 …………………………………… 140
  6.3 权力变迁与礼制建立 …………………………… 142
  6.3.1 权力变迁 …………………………………… 142
  6.3.2 礼制建立 …………………………………… 144

第7章 余韵遗响 ………………………………………… 149
  7.1 古国深处 ………………………………………… 150
  7.2 外延与传承 ……………………………………… 154
  7.3 何以谈良渚 ……………………………………… 158

尾　声 …………………………………………………… 161

附录一 良渚考古、保护、弘扬传承大事记 …………… 163

附录二 良渚博物院、良渚古城遗址公园简介 ………… 167

玉三叉形器

本书重要概念

1. **良渚**：地名，指杭州市余杭区良渚街道，位于余杭区的中西部。

2. **良渚文化**：一支考古学文化。从考古学的定义来看，良渚文化是指存在于距今5 300—4 300年之间、主要分布于环太湖流域具有共同文化特征的一类考古学遗存。该文化因首先发现于良渚而得名。

3. **良渚文化遗址**：指环太湖流域内包含有良渚文化堆积物的各类遗址，统称为良渚文化遗址。

4. **良渚遗址（群）**：良渚遗址与良渚遗址群是同一个概念。良渚遗址群于1986年提出，具体是指分布于余杭区良渚、瓶窑两个镇街范围内的良渚文化遗址，保护区的面积约42平方千米，于1996年列为第四批全国重点文物保护单位，后来发现的水利系统于2019年被列为第八批全国重点文物保护单位。良渚遗址（群）是良渚文化遗址中等级最高、类型最丰富、分布最密集的遗址群落。

5. **良渚古城**：良渚古城是良渚遗址（群）里最为重要的一处遗址，是良渚文化权力与信仰的中心，面积约6.3平方千米，被誉为"中华第一城"。

6. **良渚古城遗址**：良渚古城遗址由良渚遗址（群）内规模宏大的城址、功能复杂的外围水利系统、分等级墓地（祭坛）以及具有信仰和制度象征的系列玉器等出土物组成。2019年，良渚古城遗址成功申报《世界遗产名录》。

7. **良渚文明**：从文化面貌上看，良渚文化已经进入成熟文明的发展阶段，所以良渚文化又可以被称为良渚文明。

8. **良渚古（王）国**：良渚文明体现了早期国家的特征，所以把良渚文明所反映的社会形态称为良渚古国或是良渚王国。

玉带钩

第 1 章 灿若星辰

1936 年，浙江省立西湖博物馆（今浙江省博物馆前身）的一位年轻工作人员——施昕更在杭州古荡遗址发掘，他注意到此遗址出土的石器与他的家乡良渚一带常见的石器相似。于是他决定回良渚考察。

11 月 3 日下午，他在自己的家乡杭县良渚镇（今杭州市余杭区良渚街道）附近的棋盘坟一个狭长的干涸池底里，发现了几片"黑色有光的陶片"。他敏感地意识到，这里有一个古代遗址存在。1936 年底至 1937 年，施昕更先后进行了三次小规模的考古发掘，发现了陶器、石器等遗存。后来他根据这三次发掘撰写了《良渚——杭县第二区黑陶文化遗址初步报告》一书，于 1938 年 8 月正式出版，"良渚"由此名传天下。

良渚,字面意思是"美丽的水中小洲"。这一带不仅风景优美，而且历史底蕴厚重，曾经所谓的"周汉古玉"实际上是良渚文化时期的玉器。乾隆皇帝十分珍爱良渚玉器，时常把玩后在玉器上题诗铭刻，有诗为证"所贵玉者以其英，章台白光照连城。辋头曰汉古于汉，入土出土沧桑更。曼采全隐外发色，葆光只穆内蕴精。是谓去情得神独，昔之论画贻佳评"。

初识良渚

1.1 良渚文化和良渚古城

良渚正名

良渚遗址群

发现良渚古城

反山和瑶山

1959 年，夏鼐先生将环太湖流域发现的与良渚遗址内涵相同的考古学文化命名为良渚文化。良渚文化距今 5 300—4 300 年，是长江下游环太湖地区继马家浜文化（距今 7 000—6 000 年）、崧泽文化（距今 6 000—5 300 年）之后发展起来的新石器时代晚期文化，是中国古代文明的重要源头之一。

良渚文化分布广泛，主要分布于环太湖约 3.65 万平方千米的广袤地区（图 1-1），目前共发现 600 余处良渚文化遗址。良渚古城是整个良渚文化的核心，是良渚古国的都城，其范围跨瓶窑镇与良渚街道两地，处于一面积约 1 000 平方千米的 C 形盆地北部（图 1-2）。

2007 年，浙江省文物考古研究所发现了震惊世界的良渚古城。经过多年不间断的考古发掘，我们已对古城的结构布局有了一个基本的认识。良渚古城可分为三重，中心是面积约 30 万平方米的莫角山宫殿区；其外是由约 6 千米长的城墙围绕而成的内城，面积约 300 万平方米；最外侧为以扁担山、和尚地、里山、卞家山等台地围起的外城，面积约 630 万平方米（图 1-3）。古城西北部分布着规模庞大的水利系统，东北部分布着或许与天文观象有关的瑶山祭坛，同时古城外围还存在着广阔的郊区。良渚古城、水利系统和外围近郊的总面积达 100 平方千米，规模极为宏大（图 1-4）。

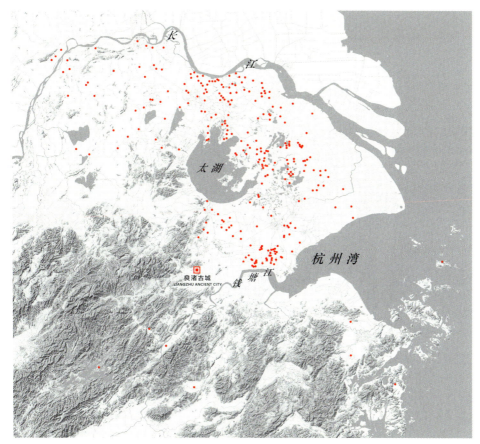

图 1-1　环太湖地区良渚文化遗址分布

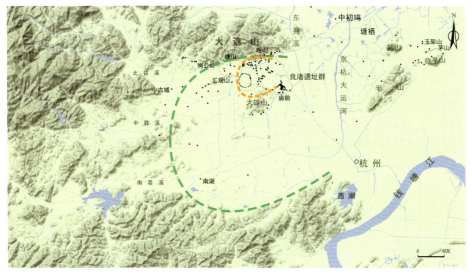

图 1-2　C 形盆地及其内良渚文化遗址分布

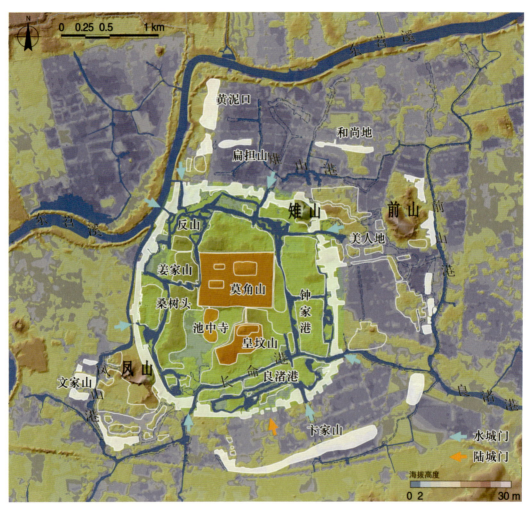

图 1-3 良渚古城三重结构、重要台地和水系分布

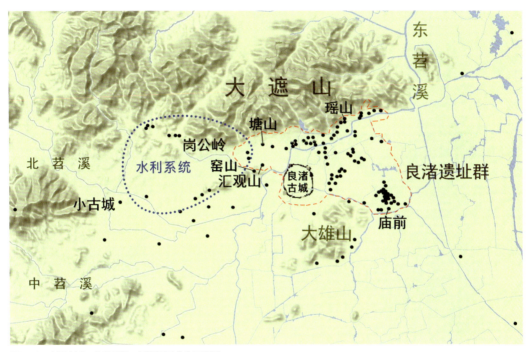

图 1-4 良渚古城、水利系统、外围郊区分布示意图

  2019 年 7 月 6 日，在阿塞拜疆首都巴库举行的联合国教科文组织第 43 届世界遗产委员会会议通过决议，将良渚古城遗址列入《世界遗产名录》，成为中国第 55 处世界遗产。良渚古城遗址由瑶山遗址区、谷口高坝区、平原低坝－山前长堤区和城址区四部分组成，并通过城址、外围水利系统、分等级墓地（含祭坛）和以玉器为代表的出土物 4 大类人工要素，以及与遗址功能直接关联的自然地形地貌，展现了一个中国新石器时代晚期，以稻作农业为经济支撑、存在社会分化和统一信仰体系的早期区域性国家形态。良渚古城遗址的成功申遗，填补了东亚地区新石器时代城市考古遗址在《世界遗产名录》当中的空白，同时也标志着中华五千年文明史得到国际社会的公认。

1.2 良渚时代的中国与世界

距今5 500年前后,全球气候由暖湿变为干凉,太湖流域的水域面积逐渐减少,水环境的改善扩大了人类活动范围。人们开始从丘陵、山坡转向平原生活,稻作农业得到了较大的发展,太湖流域的崧泽文化逐渐发展为良渚文化。

目前考古学界普遍认为,中华文明是一个广义的概念,是指以中原地区为核心,黄河流域和长江流域若干文化区为主体,重瓣花朵式格局的大文明体(图1-5)。中华文明的形成有着深厚的史前基础,是多个具有不同发展谱系的区域文明逐步融合的产物。鉴于良渚文化在追溯早期文明和国家中的重要引领作用及对外影响力,考古工作者甚至提出了用良渚时代来指代整个中国距今约5 300—4 300年的时间段。那时候的中华大地,群星璀璨,而良渚是其中最为耀眼夺目的一颗。还有研究指出,古史传说中的三皇、五帝、蚩尤等上古帝王大约就处于这一时期。

良渚文明

良渚时代的代表性史前文化主要有良渚文化、大汶口中晚期文化、屈家岭文化、仰韶文化晚期至庙底沟二期文化、红山晚期至小河沿文化等(图1-6)。这个时代的文化格局大致为中原文化发展较弱,而周边文化发展较为强势。以良渚为代表的早期国家和成熟文明在这个时代开始出现,以犁耕农业为代表的集约农业日益成熟,家畜在肉食来源中占据了绝对主导地位,以玉琮、玉钺和玉璧为代表的高端玉礼器传播广泛,出现了良渚和石家河等面积达数百万平方米的超大型城址聚落,聚落内部出现了宫殿区和王陵等要素,社会发展已达到很高的水平。

但犹为可惜的是,良渚古国在传世文献中几乎没有描述。

有学者根据战国时期楚国道家隐士所作的《鹖冠子》一书,推测良渚古国是"成鸠氏之国"。根据北宋王安石的学生陆佃对《鹖冠子》所作的注释,这个"成鸠氏"大约就是传说中的"天皇氏"。而这个"天皇氏",古人已经说不清楚了,有的说法认为是"三皇"之一,也有的说法认为是在"三皇"之前。据说"天皇氏"是从吴越之地出发而治理天下的,与良渚古国地望相合。《鹖冠子》还提到成鸠氏"得王鈇之传",大意是说成鸠氏得到了流传下来的"王鈇"。"王鈇"的字面意思就是斧钺,正与良渚古国大量出土的钺相符合。

也有学者认为,良渚古国是"防风氏"之国。"防风氏"在先秦古籍《国语》《韩非子》以及西汉司马迁的《史记》中都有提及。据说当年大禹召集天下各邦国的首领在会稽山开会,防风氏的首领迟到了,被大禹杀了。这就是"后至之诛"的典故。到了春秋晚期,吴王夫差攻打越国,毁坏越国都城会稽。吴军可能是想盗掘越国地下埋藏的宝物,竟然挖出了一大节骨头,要用一辆车才能盛装(所谓"骨节专车")。后来吴国使者到了鲁国,向孔子请教此事。孔子说,这是防风氏的骨头。防风氏"骨节专车"的说法当然靠不住,现在看来大约是恐龙或其他古生物的化石罢了,但防风氏其国的地望大致与良渚古国接近,防风氏的年代只到距今 4 000 年前,此时良渚文化已经结束几百年了。

凡此种种,也都只是推测而已。

几乎与良渚同一个时期,尼罗河流域的古埃及文明、两河流域的苏美尔文明、印度河流域的哈拉帕文明(图 1-7),都进入了成熟文明阶段,拥有稳定的生业模式、复杂的社会结构、大规模的城市和水利系统。

良渚时代的世界

图1-5 中国史前八大文化区系 [审图号：GS（2016）1067号]

图1-6 良渚时代的主要文化格局 [审图号：GS（2016）1067号]

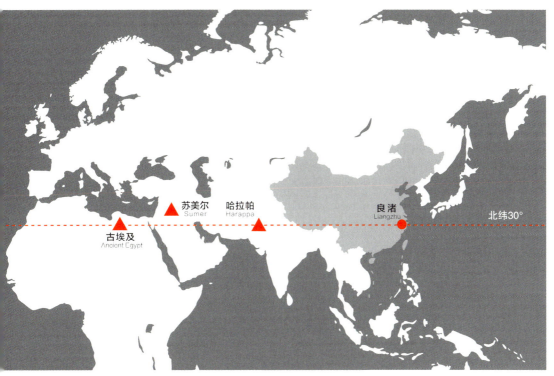

图 1-7　世界范围内早期四大文明分布

玉琮上的鸟纹

第 2 章 城乡分野

长江下游的环太湖地区，素来是鱼米之乡。古谚云："苏湖熟，天下足。"说的正是这一带。在良渚时代，这一片区域都是良渚古国的势力范围。然而古国的都城并不在其势力范围的中心位置——江苏南部的苏锡常一带，反而是偏处南方一隅。

2.1 良渚古城区域的自然地理环境与文化发展脉络

良渚先民人像复原

良渚古城位于环太湖区域的南部,一个南北约24千米、东西约42千米、面积约1 000平方千米的C形盆地内。该盆地处于浙西丘陵山地(天目山余脉)和杭嘉湖平原的过渡地带,北、西和南三面为山地包围,东向敞开,整体地势呈西北高、东南低的趋势。从现代水系分布来看,本区从南到北发育有三支干流,分别为南苕溪、中苕溪和北苕溪。三支水系在良渚古城上游的瓶窑镇附近汇合形成东苕溪,而后经古城西北边缘往东,在仁和镇附近北折流向太湖(见图1-2)。据地方志记载,现在的苕溪走向是汉唐时期人工改造而成的。也有研究者通过对古河道的分析,认为良渚时期的北苕溪和中苕溪是往南绕过大雄山与南苕溪汇合后东流,经塘栖一带再转而流向太湖的。

良渚古城一带能够有条件成为王都,得益于地球气候的变迁。距今11 500年左右,随着冰期结束,地球春天来临,海平面不断上升。距今9 000—7 000年,本区大部分为海水淹没,大量的泥沙慢慢沉积下来。距今7 000—5 500年,由于气候波动变化和泥沙沉积作用,海水逐渐退出良渚地区,形成了如今杭州所在的这大约1 000平方千米的平原。良渚成陆,整体气候仍为温暖湿润,原始植被茂盛。

距今7 000年左右,良渚一带开始成为人类的家园。马家浜文化的先民最早踏上这片土地,沿着山前的台地定居下来。这一时期人们已开始种植水稻、饲养家畜,出现了原始纺织业,渔猎和采集是食物的重要来源,但此时粗耕农业已占很大比重。瓶窑与良渚一带的马家浜文化遗址主要有吴家埠遗址、梅园里遗址、庙前遗址、张家墩遗址、官庄遗址等(图2-1)。

马家浜文化在此繁衍生息了大约1 000年，发展成为崧泽文化，虽然此时生产力水平和文化面貌发生了很大变化，但是遗址的数量和规模却依然没有太大的改观，人们仍然过着渔樵耕种的田园生活。瓶窑与良渚一带的崧泽文化遗址在上述马家浜文化遗址的基础上，又新增了荀山遗址、官井头遗址、黄路头遗址等（图2-2）。

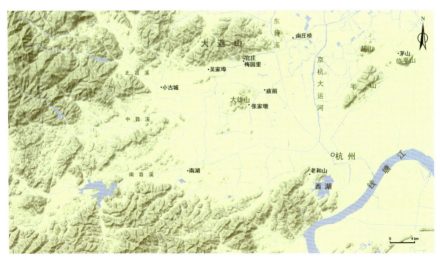

图2-1　杭州余杭地区马家浜文化遗址分布情况

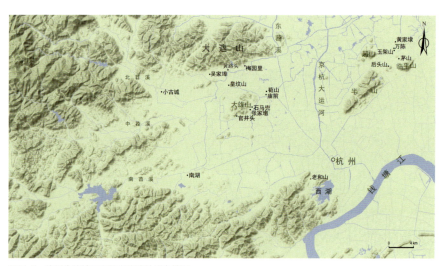

图 2-2　杭州余杭地区崧泽文化遗址分布情况

距今 5 500—5 100 年左右,气候由暖湿变为干凉,陆域面积扩大,水域面积缩小,太湖流域的崧泽文化发展为良渚文化。此时太湖流域的文化面貌表现出高度一致,产生了人们共同尊奉的统一信仰;社会分化更加突出,出现了掌握神权的贵族阶层,并创造了一整套标志权力身份和祭祀神灵的玉礼器系统。随着生产力的提高,社会组织能力的加强,以及以水稻为主的农业经济发展,良渚文化的人口得到了迅速增长,因此良渚文化的遗址与之前的崧泽文化相比较,出现了数十倍增长的现象。此时的良渚先民已从山前台地向沼泽平原进发,开垦土地,种植水稻;同时堆筑起许多人工台地,规划营建村寨聚落,开始了人类大规模改造自然的历史。

良渚古城区域的自然地理环境与文化发展脉络

在瓶窑与良渚一带约 50 平方千米的山间平原(小 C 区域),文化遗址从崧泽文化的寥寥几处,突然增加到良渚文化的 300 多处(见图 1-2),而且出现了反山、瑶山、汇观山等专门埋葬贵族的墓地。这样迅猛发展的现象绝非是由原先的几个村落自然发展而来的。2007 年良渚古城的发现,让这一切有了答案,考古工作者对这些遗址的布局与性状有了统一的整体认识。

2.2 良渚古城：水上王都

2.2.1 古城的选址

良渚古城作为整个太湖流域良渚文化这个族群的都城，为什么没有选择在良渚文化分布区的中心位置，而选择在这个看上去地理偏狭的半封闭之地呢？

从比较大的地理环境来看，良渚古城遗址所处的约 1 000 平方千米的 C 形盆地三面都被天目山的支脉所包围，其中还散落着窑山、汇观山、雉山、前山、凤山、羊山、乌山、荀山等孤立的小山。这约 1 000 平方千米的平原湿地，是良渚古城可以直接依托的稻作农业与采集捕鱼经济的来源，而西面与北面的广袤山地则有取之不尽的山珍野味，以及营建城市和生产生活所需的土木玉石等原料。

在大 C 盆地内，良渚先民最终选择在大遮山与大雄山之间一个相对独立的南北约 5 千米，东西约 10 千米，面积约 50 平方千米的地理单元（小 C 区域）中建设了他们的都城。小 C 区域看似为地理偏狭的封闭之地，实则为安全和资源丰富的理想之所；同时还具有退可依山据守，出则通江达海的地理优势。从良渚古城沿河道顺流而下，到达太湖只有 60 多千米，进入太湖则可以上下长江，通达四域。当理解了这种交通之便与地理资源的优势后，我们便理解了良渚古城作为太湖流域良渚文化这个族群之都的选择——"隐于山野，兼济天下"。这种权力中心与地理中心的不对应，体现了良渚先民对都城选址诸多因素的综合考虑。

2.2.2 规划和功能布局

良渚古城南北长约 1 910 米，东西宽约 1 770 米，总面积约 300 万平方米。小 C 区内依托着凤山、雉山和前山的这片绿洲面积最大，周边分布着大片的水域和湿地。该片绿洲正好处在北部大遮山、南部大雄山与西面窑山的三山居中位置，距离三面的山都有近2千米，有一种以山为郭的感觉，而这种山环水抱的位置，正是建城的理想之地（见图1-4）。

城内中心位置为高十几米的莫角山宫殿区台地（见图1-3），其中莫角山台基呈规则的长方形，东西约630米，南北约450米，面积约30万平方米（占古城面积的十分之一），其上继续堆筑了大莫角山、小莫角山和乌龟山三个宫殿台基。莫角山宫殿区堪称中国最早的宫城，相当于后世的"紫禁城"。

反山王陵位于莫角山宫殿区的西北部，是一座东西约130米、南北约60米，海拔约12米的人工堆筑土墩（见图1-3）。考古工作者于1986年在反山发掘出11座良渚文化早中期的大墓。墓主人是集首领与巫师于一体的显贵统治者，而且有着明显的职能分工与位次高低，其中南排的M12大墓最为显贵，其墓葬位列各墓中间，墓坑规格最大，出土了著名的玉钺王和玉琮王。

莫角山宫殿区西面的姜家山、南面的皇坟山和桑树头等台地，据推测也都为与莫角山同期的不同功能宫殿区建筑基址，其具体内涵还有待以后的考古认识。2017年，在莫角山宫殿区南面的池中寺台地发现了大量炭化稻谷遗存（图2-3），其堆积总体量约为6 000立方米，估算有20万千克，可称为国家官仓；该台地北侧与莫角山宫殿区相连，其余三面皆为水域，易于防火和运输。莫角山宫殿区、反山王陵、姜家山、池中寺、皇坟山和桑树头等大型台地围合的面积约占城内面积的1/3多，构成了城内的核心区（见图1-3）。城内其他人工堆筑的高地一般呈长条状与古河道相间分布，形成沿河而居的建筑模式。这种模式可充分利用江南水网的优势，既有交通运输之便，又利于生产生活。

古城城墙周长约6 000米，宽20—150米，墙体残存最高约4米，围合呈圆角长方形，正南北方向。在城墙的选址设计时，良渚先民有意将凤

图 2-3 古城内出土的炭化稻谷

山和雉山两座较高的石头山设计为城墙的西南角与东北角（见图 1-3），并沿着原有的陆地边缘堆筑起四面呈长条弧形的城墙，而在两座山的制高点处可以清楚地观察城内外情况。城墙由主体和内外凸出的缓坡组成，共发现此类缓坡 52 处，其中内凸缓坡 24 处，外凸缓坡 28 处。水路是良渚时期主要的交通方式，城墙内外均有河道分布，每隔一段凸出的缓坡伸入内外城河，形成一个个小的河湾，凸出部分可作为码头使用。考古勘探发现，良渚古城的四面城河中都有大量良渚晚期的生活废弃堆积，这些废弃堆积持续了几百年；而城墙上还发现房屋建筑基址，这些都说明古城城墙主要是作为良渚先民的居住地，与后世城墙主要用于防御的功能有所不同。

良渚古城城墙

城墙共设有 8 座水城门和 1 座陆城门（见图 1-3）。每面城墙各有

2座水城门，宽度一般为30—60米，西城墙的两座水门稍窄；城墙南部地势略高，未发现外城河，相应在南城墙的中部，良渚先民设计了一座由3处小型夯土台基构成的陆城门，呈对称状布局，形成4条出入城墙的门道。通过上述水门，古城内外河道可连接起来，并与外部更大的水域相通，整个良渚古城犹如一座水城。良渚古城城墙外围的北、东、南以及西南，分布着许多长条形高地，它们呈现一种半围合的状态，唯西北部原来分布着大面积的沼泽水面，所以未修筑外郭台地。这些长条形台地一般都是在沼泽地上由人工堆筑而成，宽约40—50米，高约2—3米，内外临水，是良渚先民的居住地。上述台地构成良渚古城的外郭城形态，南北相距约2 700米，东西相距约3 000米，围合面积约6.3平方千米。

考古工作者依据多年的勘探成果，发现早期古城内的台地主要分布于莫角山北侧、南侧，主河道、内城河两岸。早期城内河道较多，随着时间的推移，城内许多河道被生活垃圾填埋，有些地方又重新在垃圾层上铺垫黄土，形成新的生活区。因此良渚晚期，城内减少了许多小河，而居住范围扩大了。同时，由于晚期城市人口数量的增加，在扩大城内居住地的同时，四面城墙上也居住了大量的人口，因此内外城河中都留下了大量的生活堆积。

此外，良渚先民在城外四面修筑居住地形成的外郭，最终在良渚晚期形成了以莫角山宫殿区为中心，向外依次为城墙和外郭的城市格局。从莫角山宫殿区、城墙到外郭，其堆筑高度由内而外逐步降低，显示出一种等级差别，是中国古代都城由内而外多重结构的滥觞。

古城外郭－卞家山

考古工作者在卞家山遗址中发现了数以万计的陶器残片和大量石、木、骨、漆、竹等制品，说明卞家山是主要的手工业作坊区之一；在文家山遗址中发现了20多件石质钻芯，这些石器加工废弃物说明文家山也存在制石的作坊区。此外，结合卞家山遗址、文家山遗址、西城墙葡萄畈出土的漆木器残件和玉石陶器加工废弃料、钟家港河道出土的玉石钻芯、石钺坯件以及木盘半成品（图2-4），以及目前考古尚未在古城范围内发现的良渚稻田遗迹等信息，推测良渚古城除居住有贵族和统治者外，还应居住着大量的手工业工匠。相对古城东部的近郊和远郊，良渚时期产生了明显的城乡分野现象。

良渚先民一般居住在自然高地或人工土墩之上。考古工作者统计了城内土台（莫角山台地除外，该处为贵族所居住，人口应不会太多）、城墙和外郭的面积，并采取聚落人均占地面积的方式粗略估算了古城的人口规模，在 15 200—22 900 人左右，中间值约为 19 000 人。

良渚古城数字沙盘

石钺坯件

漆器

木器坯件

玉钻芯

石钻芯

图 2-4　古城内出土的手工业遗物

良渚古城的规划和功能布局

城内大量的人口必然需要发达的农业进行支撑。鉴于古城内居民并不从事农业生产，而池中寺台地却储存着大量的粮食，推测城内的稻米应是由古城郊区及良渚遗址（群）以外的居民专门提供的（即当时可能产生了贡赋制度或贸易交换），而后通过古城内外发达的水路运输到达此地。

2.2.3 古城发现的历史意义

规模庞大的良渚古城在中国城市建设史上具有划时代的意义。莫角山宫殿区堪称中国最早的宫城，其面积要远远超过年代更晚的龙山时代的其他城址，以 630 万平方米的外城计算，其面积一直领先了约 1 500 年，要到距今 3 500 年前后的郑州商城才被超越（表 2-1）。良渚古城宫殿区、内城和外城的格局类似于后世都城宫城、内城和外郭的三重结构体系，是中国最早的三重城市格局，具有重要的开创意义。

良渚古城的价值

从世界范围看，良渚古城遗址尽管没有发现成熟的文字体系和青铜冶炼技术，但仍可比肩苏美尔文明的乌尔城、乌鲁克城（伊拉克）、古印度的摩亨佐·达罗城（巴基斯坦）和南美洲的卡罗尔－苏沛圣城（秘鲁）等遗址（表 2-2 和图 2-5），成为人类早期文明产生的伟大城市遗址之一。

图 2-5　良渚古城遗址与全球范围内早期文明起源地的重要城市遗址分布

表 2-1　中国史前城址要览

代表性遗址名称	距今年代/年	地理环境水系流域	区域文化谱系	生业方式	规模/万平方米	空间形制	代表性器物
良渚古城遗址	5 300—4 300	长江下游	良渚文化	稻作农业	630	三重	玉器
石家河遗址	5 100—4 000	长江中游	石家河文化	稻作农业	210	多重	玉器
两城镇遗址	4 300—4 000	黄河下游	山东龙山文化	旱作农业	265	三重	陶器
陶寺遗址	4 300—4 000	黄河中游	中原龙山文化	旱作农业	300	两重	陶器
石峁遗址	4 350—3 850	黄河中游	龙山文化	旱作农业	425	三重	玉器

表 2-2　良渚古城遗址与全球范围内早期文明起源地重要城市遗址对比简表

遗址名称	区域	文明	距今年代/年	生业方式	城址规模/万平方米	大型建筑	文字	代表性器物
良渚古城	东亚	良渚文明	5 300—4 300	稻作农业	630	城墙、墓葬、宫殿、民居、手工业作坊、粮仓、祭坛、堤坝	刻画符号	玉器、漆器、陶器
乌尔城	西亚	苏美尔文明	5 800—4 000	旱作农业	60	城墙、神庙、墓葬、宫殿、灌溉系统	早期文字体系	金银器、玉器
乌鲁克城	西亚	苏美尔文明	5 500—5 100	旱作农业、畜牧业	81	神庙、公共建筑、墓地、民房、观星台	象形文字	金银器、铜器、陶器
摩亨佐·达罗城	南亚	哈拉帕文明	4 500—3 500	旱作农业	240	城墙、住宅、学校、公共浴室、粮仓、排水设施	文字符号	铜器、石器
卡罗尔－苏沛圣城	南美	小北文明	5 000—3 800	渔业、农业	66	阶梯状土堆、仪式中心、分等级居住建筑	结绳文字	石器、骨器、木器

2.3 郊区

良渚古城 100 平方千米的城市系统范围内还分布着广阔的郊区（见图 1-4）。此前调查共发现两片遗址密集分布的区域，分别是位于良渚古城以东以荀山为中心的良渚一带及古城东北部的大遮山山前地带。良渚一带调查发现约 30 处遗址，其中庙前遗址揭露面积最大，发掘出大量良渚文化的墓葬、房址、河沟、水井、窖穴、灰坑等遗迹（图 2-6）；大遮山山前地带调查发现近 40 处遗址，其中有属于水坝系统一部分同时兼有治玉作坊、墓葬分布的塘山遗址，以及瑶山祭坛和权贵墓地，也有梅家里、梅园里、官庄、姚家墩一类等级稍低的村落遗址或墓地。近年来，考古工作者继续对古城以东的郊区聚落进行了大规模全覆盖式勘探，发现郊区聚落的遗址分布密度远远超出原先调查的认识，这些聚落与古城应该有密切的内在联系。

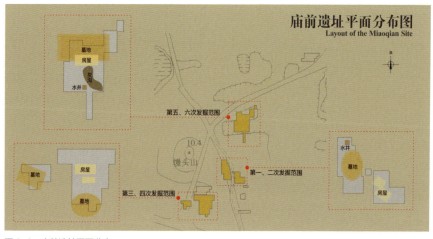

图 2-6　庙前遗址平面分布

良渚古城的腹地——整个C形盆地约1 000平方千米范围内，还分布有不少良渚文化遗址，部分呈集群分布状。其中最重要的是东距良渚古城约30千米的临平一带，陆续调查出近20处良渚文化遗址，被称为临平遗址群。1993发掘的横山遗址清理了良渚文化晚期贵族墓葬两座，其中M2出土玉琮4件、玉璧2件、玉钺1件，并出土多达132件石钺。近些年来，又相继发掘了茅山和玉架山遗址（见图1-2），其中茅山遗址揭露出一处典型的依山傍水聚落，包括良渚文化的稻田区、墓葬区和居住区等多个功能分区结构；玉架山遗址面积约15万平方米，由6个环壕共同组成一个良渚文化的完整聚落，是良渚文化聚落考古的重要发现，并发掘出等级较高的贵族墓葬。近期，考古工作者在临平遗址群西北方的湖州德清雷甸镇发现了中初鸣玉器加工作坊遗址群（见图1-2），距离良渚遗址（群）约18千米，出土了大量玉料、玉器半成品和成品以及玉器加工工具等。

古城周边不同规模的聚落可为其提供生产生活所需的各种服务和资源。有学者对古城所需稻米和代表性遗址（茅山遗址）可供稻米进行了估算，发现如果要维持良渚古城的正常运转，需要3 000个像茅山这样的聚落为其提供粮食生产。

龙首纹玉镯

第 3 章 临水而居

环太湖地区多为水乡平原，地势低洼。吴越之民临水而居，如今许多江南古城、古镇依然保持着水城一体的特色，如苏州古城、嘉兴乌镇，正如唐诗所写的"君到姑苏见，人家尽枕河。古宫闲地少，水巷小桥多"。其实5 000年前的良渚先民早就开创了这种水乡的生活方式。

3.1 筑土堆墩

为了能在低洼之地生活，良渚先民习惯于湿地平原上堆筑人工台地作为居住地或墓葬地，由此苏秉琦先生提出了"土筑金字塔"的概念。良渚古城中最具代表的堆土墩为莫角山宫殿区和古城城墙。

3.1.1 莫角山宫殿区的堆筑

中国古代帝王的宫殿一般都是巍峨高敞，居高临下，从而彰显帝王威仪，良渚古城的莫角山宫殿区便是如此。莫角山宫殿区位于良渚古城中心，是古城中最重要的人工堆筑台地，并以其巨大的规模和体量引起学术界的高度重视。

莫角山宫殿区由两级台基组成。一级台基——莫角山台基的四至边界十分整齐，为长方形覆斗状，台底东西长约 630 米、南北宽约 450 米，面积约 30 万平方米。台基顶部的海拔高度约为 12 米，在莫角山台基上又分布有三个独立的二级台基（图 3-1），分别被称为大莫角山、小莫角山和乌龟山。大莫角山位于莫角山的东北部，呈长方形覆斗状，台底东西长约 175 米、宽约 88 米，总面积约 15 000 平方米，台基顶部海拔高度约 18 米（相对莫角山山顶约有 6 米高度）。小莫角山位于大莫角山西侧，距离大莫角山 80 余米，台底东西长约 90 米、南北宽约 40 米，面积约 3 500 平方米，台基顶部海拔最高处 17 米，相对高度约 5 米。乌龟山位于小莫角山南侧，距离小莫角山 80 余米，台底东西长约 130 米、南北残宽约 67 米，面积约 8 500 平方米，海拔高约 16.5 米，相对残高约 4 米多。

2010—2013 年，考古工作者通过机钻和解剖发掘对莫角山的边界、堆筑过程及堆积厚度有了比较明确的了解。

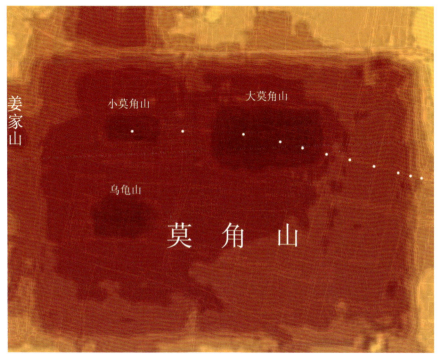

图 3-1　莫角山勘探显示的堆筑情况

　　莫角山宫殿区的西部利用了原有自然山体，人工堆筑厚度约 2—6 米，莫角山东部的堆筑厚度约 10—12 米，其中人工堆筑最厚处在大莫角山处，厚度 16.5 米，整个工程土方量约为 228 万立方米，接近古埃及胡夫金字塔的石方量（约 250 万立方米）。

　　莫角山西部与西侧姜家山台地所在位置原有一自然山体，莫角山东部为沼泽，良渚先民没有把莫角山土台全部设计在自然山体上，而只是利用了山体的东边缘，并把东部的沼泽地堆高了十多米，这使整个土台的工程量增大数倍。良渚先民这样做的目的可能是为了把莫角山设计在古城正中心，以彰显它独特的地位。这也暗合了后世所推崇的"古之王者，择天下之中而立国，择国之中而立宫"的宫室规划理念。

在堆筑莫角山时，良渚先民首先以沼泽淤泥堆筑大基础，再用山上的黄土覆盖堆成土台台顶和3座宫殿台基。在莫角山高台堆筑淤泥基础时，就预先将大莫角山、小莫角山和乌龟山三处的台基位置进行了凸出加高，这说明在堆筑之前，良渚先民就对台上建筑的功能与形态进行了定位设计，然后依图而建。同时十几米高的土层之间没有间歇现象，因此莫角山宫殿区台地是在短时期内堆建起来的。

考古工作者在城东的生土面上发现了取土剩下的狭长土埂，而城北地势低洼且与周边地势变化突兀，因此推测莫角山底部基础的淤泥应主要取自古城的东面与北面。经过取土之后，在古城的北面和东面形成了大面积的人工水面，与原先周边的自然水域相连接，使古城外围的水域更加开阔，增加了古城的安全感及环境的优越性。同时钻探结果显示，皇坟山西侧低地的良渚生活堆积和淤积层下面直接就是红色黏土层。因此莫角山所用黄色黏土部分可能取自莫角山南侧的皇坟山；取土后，这里当年会形成一片小小的水面，或许正好成为宫殿区花园的一部分。

草裹泥是良渚古城内大型人工堆筑台地及外围水利系统建造应用最广、最具特色的施工工艺，相当于后世抗洪抢险加固所用的沙包和土工袋。通常草裹泥长40厘米、宽10厘米、厚8厘米，平均重6千克（图3-2）。经复原，草裹泥的制作流程是在沼泽地上取土，然后用茅荻包裹土块，再用竹篾条进行绑扎固定（图3-3）。考古发掘显示，良渚先民在采用草裹泥进行填筑时常将草裹泥纵横交错摆放，同时一块场地中的草裹泥呈块垄状分布，各片草裹泥的土质土色有明显的差异，每一大块草裹泥约有1.5米×1.5米×2米（图3-4）。

考古工作者对草裹泥工艺进行分析后认为，良渚先民在沼泽平原上建造都城，淤泥和茅荻两种建筑材料丰富，而丘陵山地表层的黄色黏土较少且获取不便。城内大型台地采用草裹泥预先堆筑到一定高度后再在外面包裹坚韧度好的黄色黏土，可充分发挥各类材料的特点，节省大量优质建筑材料。

　　沼泽地的淤泥松软,易于挖取,而淤泥经草裹以后,土体强度得到显著增强,易于运输和填筑;而且淤泥挖掘地的选择可以结合规划设计形成负地面水域。

图 3-2　出土的草裹泥样品

图 3-3　草裹泥制作过程复原图

图 3-4 草裹泥堆筑的人工台地（草裹泥呈块垄状分布）

莫角山的堆筑

草裹泥可直接堆叠垒高，具有很好的可塑性和韧性，同时纵横咬合堆筑增加了填块间强度。此种工艺利于程序化操作，方便制作、运输和堆砌等工序的分工实施，可以最大限度地发挥人海战术，多方面同时进行工作，加快工程进度。同一地点草裹泥呈块垄状分布即代表此处的草裹泥来自不同的地点，而块垄的大小与一次运输量有关，可以此估算当时一组船或竹筏的载重量。

3.1.2 古城城墙的堆筑

良渚古城的四面城墙，宽约 20—150 米、残存最高约 4 米，以凤山和雉山为支撑点，南北约 1 910 米、东西约 1 770 米、周长约 6 000 米，围合面积约 300 万平方米。城墙底部普遍铺垫石头，上部由黄色黏土夯筑而成，坡脚位置有良渚文化晚期堆积。四面城墙在结构、堆筑方式和生活堆积年代上都完全一致，这为证明四面城墙的整体性和同时性提供了可靠依据。

城墙底部的垫石层约有 20—40 厘米厚，40—60 米宽（城墙凸出位置宽达百余米），仅在接近凤山、雉山和黄泥山等地段，由于地势较高、基础较好，没有铺垫石头地基。城墙底部垫石大小、质地不一，既有磨圆的

图 3-5　城墙垫石视觉分垄情况

砾石，也有棱角分明的块石。从工程技术角度分析，该层垫石形成了人工硬层，增强了城墙的稳定性；同时又可以阻断墙体与地下水的联系，避免地下水向上渗透软化墙体等。城墙基础垫石呈条垄状分布，每一条垄的石头都略显不同（图 3-5）。经对四面城墙解剖点的石头与周边山谷的石头进行岩性对比鉴定，证明大部分石头取自北面和南面的几个山谷，而每 4—5 立方米左右条垄块的形成，恰好反映了一组船（或竹筏）的运载量。

通过长期的生产实践，良渚先民知道山坡上的黄色黏土黏性较强，堆筑起来可以抵御洪水的冲刷。直到现在当地人仍然知道，修建水库大坝和加固河堤时还必须要用山上的这种黄土。实验分析证明，北城墙的堆土主要来源于黄泥口地段的黄土山。同时，现场勘探发现，黄泥口村东约 200 米处的表土下 3—4 米位置留有许多坑洼不平的黄土坑，这些土坑是当年取土后留下的。

城墙的堆筑
（城墙结构和建造）

良渚古城采用石头铺垫地基，黄色黏土堆筑城墙的做法，在中国以及世界同时代的遗址中尚属首见。一般城墙的做法都是直接开挖城河，以开挖出的土来堆筑墙体。而良渚先民之所以采用这样的筑墙方式，与他们选择建城的环境密切相关。

3.1.3　浩大的堆筑工程量

莫角山宫殿区及其他城内台地、城墙、外郭、外围水利系统、郊区部分遗址均为人工堆筑而成，是典型的土筑文明，工程极为浩大。据不完全统计，整个古城及外围水利系统的土石方总量达 1 005 万立方米（表 3-1），这无疑是距今 5 000 年左右世界上工程量最大、难度最高的建筑工程。

目前，关于这些高地上的建筑尚没有可靠的资料，所以房屋宫殿建筑的木材采运、加工、建造所需的工程量还无法估算。仅其 1 005 万立方米的土石量，假设参与建设的人数为 1 万人，每三人一天完成一立方米，每年工作日算足 365 天，需要连续工作约 8.3 年。实际上，在当时的生产力条件下，不间断地集中大量劳力专门从事古城的建设，其后勤压力之大是难以想象的。更大的可能是采取中国古代兴修水利工程的传统办法，即利用冬春农闲时间间断完成。如此，这些劳动力所需要的工具制作、口粮给养等，可由他们在农忙季节获取，不需要额外的储备；同时本地区雨季并不适合工程建设。如果以每年农闲时间参与古城建设 100 个工作日计算，则 1 万人完成上述土石方的时间需要大约 30 年。

修建这么一个庞大的工程，不仅存在工程规划，设计，材料采集、运输、制作及工程实施建造等一系列工序问题，而且需要相当的组织管理能力，需要具备一种区域性国家层面的公权力予以支撑。简而言之，这些工程所用人力、物力、财力需要高度集权和复杂的社会组织才能完成，而良渚社会已经具备了这样的能力，这无疑是良渚文化进入国家社会的重要标志。

表 3-1　古城系统土石方工程量　　　　　　　　　　　　　　　　单位：万立方米

系统	土方	石方	总量	合计
莫角山	228		228	
城内高地	281		281	
城墙	110	10	120	1005
外郭	88		88	
水利系统	288		288	

3.2　人工水系

　　良渚古城城墙的内外侧都有城河，形成"夹河筑城"的结构。城墙每隔一段距离都有凸出的缓坡伸入内外城河，其形态并没有统一的规范，宽窄长短也有很大的随意性。考古人员推测，城墙的凸出段应是良渚先民沿着水边地势有意修筑而成的，每两段间可形成一个小小的河湾，凸出部分可作为码头使用。

　　经考古勘探，在城墙外的北、东、西三面均发现有外城河，总长约3 000米、宽约13—40米，深约0.5—2米，只有南城墙外地势较高，未发现外城河。外城河应是沿沼泽水边人工开挖形成的，而挖掘出的淤泥，正好铺垫在城墙垫石基础的底部，起到找平、黏结与防渗漏的作用。沿着四面城墙内侧均发现内城河，呈环状相互贯通。良渚先民利用区域内原有的一些小河，修成了环绕城内的内城河，全长约6 500米，宽5—80米，深约0.5—5米，其中北城墙的内城河大部分保留完好，现在当地居民仍在使用，被称为"河池头"，其他内城河区域往往仅见局部残留的水塘。内外城河将城墙形成的小港湾连接起来，并通过8个水城门相连，与外部更大的水域相通。这种夹河筑城的方式在江苏常州春秋战国时期的淹城以及许多后代江南古城都可见其遗风。

　　除了沿着城墙的河道外，在城内共发现古河道51条。其中以莫角山宫殿区四面河道为主河道，呈"井"字形布局。而后良渚先民在内城河与主河道之间开挖支河，与主河道、内城河共同形成城内的河道网，纵横交错，构成完整的水路系统（见图1-3）。

　　依据考古勘探，上述河道以及内外城河大多数为人工开挖而成，而开挖河道形成的淤泥则主要用来堆筑莫角山等台地的基础。城内外古河道总

图 3-6　良渚时期的独木舟

长超过了 30 千米，其中内外城河的总长度达 9 538 米，城内其他河道总长度达 11 733 米，外郭内河道的总长度达 10 291 米。其中位于古城内南侧的东西向主河道（现名良渚港）应是利用了原有自然河道改造而成的，十分神奇的是，这条河道经历了 5 000 年仍完好地保留至今，在这里静静流淌。

目前的考古资料显示，良渚时期还没有发明轮式交通工具，其运输主要是通过水路来实现的，对应的运输工具为竹筏和独木舟（图 3-6）。从良渚古城及周边区域发达的水系来看，可想见当时的舟楫交通之便。

良渚古城是座水城，其河岸的稳定和码头的建造也随之成为良渚先民施工的重点之一。通过现场发掘，考古工作者在城内钟家港河道发现了由竹编和木桩构成的护岸（图 3-7），而在外郭美人地台地发现了以木板构成的护岸（图 3-8）。这些做工考究的护岸形成人工河岸，船只可直接靠泊在岸边，与目前长江下游江南水乡临河而居的景象十分相似（图 3-9），这为探寻江南水乡居住生活模式的文化渊源，提供了十分珍贵的资料。

卞家山遗址位于古城外郭南部，该遗址北部为墓地，出土了陶器、木器、骨器、漆器、石器、竹制品等大量遗物，反映了外郭城平民的生活面貌。其南部为水埠和码头，共发现 140 多根木桩，其中沿岸的木桩为埠头桩基，外伸的木桩为栈桥桩基，栈桥总长约 10 米（图 3-10 和图 3-11）。

人工水系

图 3-7　钟家港河道木构护岸遗迹

图 3-8　美人地木板护岸

图 3-9 江南水乡临河而居

图 3-10 卞家山木构码头与河埠头遗迹

图 3-11　卞家山木构码头与河埠头复原图

3.3 清洁水源

太湖地区的水井起源与稻作农业有关。苏州草鞋山遗址和昆山绰墩遗址先后发现马家浜文化时期的水稻田及其配套灌溉系统，如水塘、水沟、蓄水坑等。由于太湖地区的气候和自然地理条件，平原地带下挖不到1米就会出水；蓄水坑既可积蓄天然降雨，也可采集地下水，成为当时农田灌

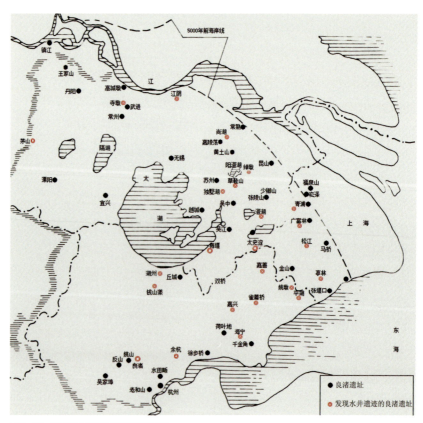

图3-12 良渚文化遗址及其水井分布图

溉的主要水源之一。先民在长期使用过程中发现，口大底小的坑，相对于直筒形坑的工程量要大，且敞口形制的蓄水坑汲水不便，水量受气候影响较大，于是逐渐将其改良成坑壁垂直、相对较深的井。

随着气候的变化和生产力的提高，先民从山前台地向沼泽平原进发以获取更多的发展空间，开垦土地，种植水稻，良渚文化遗址的数量出现爆发式增长，而良渚水井的分布范围与遗址大致相同（图3-12）。

通常，先民依托自然河道聚居。在靠近居住地的堤岸上，他们用黄土夹红烧土堆筑或打木桩的方法对堤岸进行加固来改善居住环境，同时在河岸边种植水稻，引用河水浇灌农田，而对于离河岸较远的水田，其灌溉水源以水井为主。先民依河而居，日常可以河水作为主要的生活和饮用水源，而当雨季或暴雨造成河水浑浊时，遗址内的水井便成为先民的清洁水源。

良渚时期的水井形状大多为圆形或近圆形，偶见方形；直径一般在1米左右，深度1—2米，个别可深达3—4米。按照水井的结构，良渚水井可分为土井、木构水井、竹箍苇编加固的水井和石构水井四大类。后三类加固过井壁，应是作为饮水井使用。

（1）土井

考古发掘发现的大部分良渚水井井壁都没有经过加固，即为土井。这类井多为直筒圆形，此类形状最为符合力学和地下水原理：圆形是受力条件最好的几何形状，井壁易于稳定；而直筒状在开挖体积相同时，深度较大，地下水出水较多。

（2）木结构井

太湖平原土质松软，地下水位高，当开挖深度超过2米时，就需要对井壁进行加固，否则很容易造成坍塌，影响水井的使用寿命。余杭庙前的良渚水井由一深锅状土坑和平面呈"井"字形木构井圈两部分组成（图3-13）。土坑近圆形，直径约3.5米、深约2.3米，土坑内有木构井圈以两端带凹槽的扁方木套合成"井"字形，现存高约2米、内围约1米见方。

图 3-13 庙前木构水井

木构间的缝隙以碎陶片等填塞。井框外的填土依次为质地较疏松的黑土、碎陶片、石块,具有过滤和净化水质的功能。木结构井目前发现较少。

(3)竹箍苇编加固的水井

这种结构的水井发现于上海汤庙村遗址。井呈直筒形,深 2 米左右,井壁有芦苇印痕和零星残竹片,芦苇印痕呈纵向排列,间距 4—5 厘米,推测当时井壁有芦苇和竹片圈箍支撑。此类利用竹苇编织物进行加固的方式,也见于上文提及的河道堤岸加固中。

(4)石构水井

2012 年,考古工作者在大雄山东南侧的官井头遗址发现了石构水井。水井为方形,井壁的北、东、南三面用整块石板垒砌,西壁则以石块垒砌,水井南侧通过铺石面与石砌椭圆形水池相连(距离水井约 2 米),而水池西南部有口子与石砌水沟相通,这样就出现了由水井、水池和排水沟构成的成组石砌遗迹(图 3-14)。水井边长 0.9 米、深 1.3 米,水池开口 3.6—7 米、深 1.5 米,排水沟宽约 2 米、残长 18 米。其组合结构依水井、水池和排水沟的地势依次降低,这样的布局既可保证使用过程中水井的水不会被污染,同时使水井中溢出的水可通过浅槽流到池内使用。这种既有水井,又有石砌水池和排水措施的遗迹在良渚文化考古中是首次发现。

图 3-14　官井头水井、水池和排水沟遗迹

3.4　水利系统

传说在夏代之前，华夏大地洪水肆虐，民不聊生。首领帝尧便命令一个叫鲧的人主持治水。他采用修筑堤防的办法，阻遏洪水。连续多年，洪水依旧泛滥不止。于是帝尧惩处了鲧，却命令鲧的儿子大禹继续治水。大禹到任后，考察各地山川地貌，率领民众采用疏堵结合的办法，"三过家门而不入"，历经10余年，终于完成了治水大业。

大禹治水的传说，目前无从证实。但良渚先民治水的实践，却为考古发现所实证，由此改写了中国水利史。在时代上，良渚先民的治水活动要早于传说中的大禹，在当时世界范围内都是首屈一指的成就。

最初的发现是在20世纪90年代，当时考古工作者发掘证实了古城北部的塘山遗址为良渚时期人工修筑的长堤，并初步推断其为沿山修筑的防洪大堤；但塘山遗址的西端是一个不封闭的结构，对于该工程是如何发挥作用的，则一直困扰着考古工作者。2009年由于瓶窑镇彭公村岗公岭挖山取土，考古工作者发现这一高大土山竟然是人工堆筑而成的，并从堆筑方式和土质结构上判断其是良渚先民堆筑的水坝；2010年经碳-14测年证实，岗公岭水坝的年代为距今5 000年左右。经过连续数年的调查勘探至2014年，考古人员共发现了10条水坝，它们与原来发现的塘山长堤共同组成良渚古城外围水利系统。

3.4.1 布局与组成

整个水利系统位于古城的西北侧（图3-15），其中6条水坝位于古城西北部山体的谷口处，由于所处位置相对较高，所以被称为"高坝"，高坝又可分为东、西两组，每组各3条水坝；4条水坝位于古城西侧平原孤丘之间，由于所处高程相对较低，所以被称为"低坝"；山前长堤（塘山长堤）则位于古城北部山体的坡脚地带。

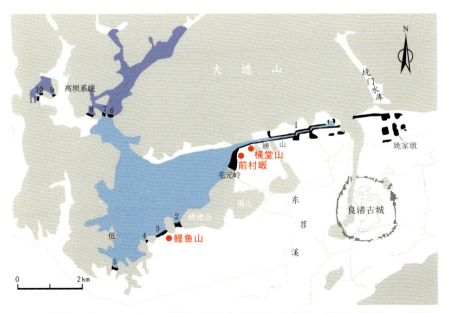

1 塘山；2 狮子山；3 鲤鱼山；4 官山；5 梧桐弄；6 岗公岭；7 老虎岭；8 周家畈；9 秋坞；10 石坞；11 蜜蜂垄
图3-15　良渚古城外围水利系统分布

高坝东组从东往西分别为岗公岭、老虎岭和周家畈，其中岗公岭水坝是6条高坝中体量最大的，坝长209.8米，坝底宽161.3米，目前残高12.6米；这3条水坝的坝顶高程约为30米。高坝西组从东往西分别为秋坞、石坞和蜜蜂垄。这3条水坝的坝顶高程约为40米。高坝东、西两组各自封堵一个山谷，形成水库（图3-16和图3-17）。

平原低坝从东到西分别为狮子山、鲤鱼山、官山（图3-18）和梧桐弄。其中，鲤鱼山是低坝中体量最大的，坝长401.7米，坝底宽142.2米，残高6.4米。这4条水坝的坝顶高程约为10米。

塘山长堤位于古城北侧，呈东北-西南走向，全长约5千米，是古城外围水利系统中最大的单体遗存。整个塘山长堤从东到西可分为三段。东段为接近直线的单坝结构，长约1千米，向东连接罗村、葛家村和姚家墩一组密集分布的土墩，向西与由大遮山向南延伸的高垄相接。高垄以西为中段，南北双坝结构，东西长约2千米。北坝坝顶高程为15—20米，南

图3-16　岗公岭-老虎岭-周家畈水坝现状（北向南拍摄）

图 3-17　秋坞 - 石坞 - 蜜蜂垄水坝现状（北向南拍摄）

图 3-18　狮子山 - 鲤鱼山 - 官山水坝现状（北向南拍摄）

坝坝顶高程为 12—15 米，略低于北坝。两坝间保持平行并同步转折，双坝间距约 20—30 米。双坝西侧属西段，为矩尺形单坝结构，其东端与双坝的南坝相连接，西端逐渐向南转接到毛元岭。

11 条水坝围成 3 座水库，根据位置高低和水流方向，我们将高坝围成的 2 个水库称为"上游库"，将低坝和塘山长堤围成的水库称为"下游库"。古城城址和已发现的遗址点总体分布在水利系统的东侧，在水库库区内尚没有发现遗址点。

3.4.2　建造时间

（1）地层学依据。塘山长堤的顶部曾发现 2 座良渚贵族墓葬和一处玉器加工场，证实其年代不晚于良渚时期。2015 年对老虎岭水坝进行发掘时，考古工作者获得了良渚晚期地层单位打破坝体的证据。鲤鱼山水坝被战国墓葬打破，岗公岭、蜜蜂垄、狮子山和鲤鱼山水坝内出土了良渚文化陶片，各坝堆土内皆未见晚于良渚文化的遗物。上述发现对于水坝建造年代的推定具有重要意义。

（2）碳 -14 测年数据。考古工作者对所有水坝取样，并送到北京大学年代学实验室进行碳 -14 测定，结果显示：高坝系统的建造时间距今约 5 100—4 900 年，低坝系统的建造时间距今 4 950—4 850 年，与古城中重要遗址的时间一致，均属于良渚早中期。为了验证测年结果的准确性，考古人员还将岗公岭的两个样本送到日本加速器研究所进行测年，其结论和北大的结论几乎完全相同，进而证实了测年数据的准确性。

综合地层学依据与碳 -14 测年数据，大致可以认定良渚水利系统所有坝体的主体建筑时间都应在距今 4 950—4 800 年之间。

3.4.3 建设规模

整个水利系统规模庞大。其中,距离古城最远的水坝为蜜蜂垄,与古城的直线距离约 11 千米。高坝与低坝间距离达 3.5 千米。塘山长堤距离古城最近,约在城北 2 千米处。整个水利系统控制和影响的面积超过 100 平方千米。

11 条水坝所围成的 3 个水库中,西高坝围成的水库最小,库容量约为 34 万立方米。东高坝围成的水库居中,库容量达到 1 310 万立方米,壅水上溯距离约 3 千米。平原低坝和塘山长堤所形成的下游库最大,库容量为 3 290 万立方米,约为上游库容量的 2.5 倍,水库面积达 10.2 平方千米。各水库汇水面积、蓄水水面面积以及库容等参数汇总见表 3-2。

表 3-2 各水库特征参数汇总表

水库位置	汇水范围 / $\times 10^4 \text{ m}^2$	蓄水水面面积 / $\times 10^4 \text{ m}^2$	库容量 / $\times 10^6 \text{ m}^3$
西高坝库区	53.7	17.8	0.34
东高坝库区	1289.5	115.4	13.1
低坝库区	3010.1	1020	32.9

根据各水坝的钻探测量数据发现：各水坝主要采用黄土堆筑，部分坝体内部还堆筑了淤泥（或草裹泥），如鲤鱼山水坝和岗公岭水坝（图3-19），此类内部采用淤泥、外部包裹黄土的堆筑方式，与古城内莫角山宫殿区的堆筑方式相同；所有水坝的土方量总计约288万立方米。

图3-19 岗公岭水坝取土破坏断面显示的堆土结构

3.4.4 功能作用

考古工作者推测古城外围水利系统具有防洪、运输、灌溉、用水等诸方面综合功能，与良渚古城及遗址群的生产生活关系密切。

（1）防洪功能。天目山系是浙江省的暴雨中心之一，每到雨季，一旦大雨三天，则山洪涌下，溪满成灾。目前该地区的西险大塘还是杭州市抗洪抢险的重点区域。研究发现若缺少外围水利系统，来自大遮山和西北山谷的洪水将对古城及其附近遗址带来较大的冲击，特别是从大遮山等处倾泻而下的洪水对古城的影响相对较大。

（2）运输功能。天目山系资源丰富，为良渚遗址（群）提供了丰富的石料、木材、漆及其他动植物资源。水运是良渚时期最为便捷的运输方式。高坝所在的山谷陡峻，降水季节性明显，夏季山洪暴发，冬季则可能断流，通常不具备水运条件。水利系统建成后则可形成上下游两级水库，其中下游水库蓄水后的高程正好能抵达上游高坝的坡脚，且高坝东区的水库壅水上溯距离可达约 3 千米。这样，通过上下游两级水库及城内外挖掘的大量人工河道，就形成了从古城到下游库区、再到高坝以北 3 千米远处的水路运输通道。

（3）灌溉功能。考古工作者曾对古城周边区域进行过钻探取样，检测结果显示：在坝区外的鲤鱼山、前村畈和横堂山等3处地点（见图3-15）良渚时期的土样中发现了高密度植物硅酸体，即该3处地点可能存在良渚时期的稻田。水坝修筑以后，既可保护这些坝区外的稻田不受洪水影响，同时也可以引水实现自流灌溉。

（4）服务于古城的水资源调配管理。良渚古城及其东部近郊遗址密集、人口众多，该区域内良渚先民在生产生活和交通运输等方面必然存在着较大的用水需求，但该区汇水面积较小，具有"来水猛、去水快"的丘陵地区水文特点，以及季风降雨的季节和年际不稳定性，使得古城及其附近地区的供需水存在一定矛盾。因此考古工作者认为，外围水利系统很可能是良渚古城建设之初，统一规划设计并服务于古城的城外有机组成部分。通过水利系统的建设，可将大量的西部山区来水蓄留在山谷和低地内，当古城需水时，可调往古城方向以供古城和其附近郊区的生产生活所用。

3.4.5 水利系统的历史意义

良渚水利系统是中国现存最早的大型水利工程遗址。长期以来,大禹治水在中国水利史上占有重要地位,却只是传说,没有实证;而现存的水利工程遗址如都江堰、灵渠等均要晚到战国秦汉时期。距今约5 000年的良渚水利系统的确认,是中国古代水利史研究的重大突破。同时它也是世界上最早的水利系统遗址之一,与埃及和两河流域早期文明以渠道、水窖等以引水为主要目的的水利系统形成鲜明对照。

良渚先民在流域的上下游兴建了不同类型的水利设施,表明他们已经具备全流域的水环境规划和改造能力。水利系统工程浩大,在距今约5 000年前,其规划视野之阔、技术水平之高、动员能力之强令人刮目相看。大规模的水利系统建设,涉及复杂的组织机构、人员管理和社会动员能力,也为认识良渚古国的管理机构和社会复杂化程度新辟了重要的观察视角。

良渚水利系统的发现和价值

良渚水利系统在中国和世界文明史研究中具有重要意义。世界各地早期文明的出现,都与治水活动密切相关。良渚古城是中国境内最早进入国家形态的地点,是中华5 000年文明的实证。而良渚水利系统和古城在空间和时间上具有不可分割的密切关系,对研究良渚古国的出现和发展乃至中国文明的起源都具有极重要的意义。

玉璜

第 4 章 饭稻羹鱼

西汉司马迁在《史记·货殖列传》中，曾对江南地区的生活方式有过精辟的概括："楚越之地，地广人希（稀），饭稻羹鱼，或火耕而水耨，果隋蠃蛤，不待贾而足，地埶（势）饶食，无饥馑之患。"大意是说，南方的楚越之地，地广人稀，以稻米为饭，以鱼类为菜，刀耕火种，水耨除草，瓜果螺蛤，无须购买便能自给自足，地形有利，食物丰足，没有饥馑之患。秦汉之际，除了生产水平有所提高外，江南一带人们的生活方式，其实与良渚时期的人们并无二致。

4.1 农业

良渚文化的社会分工在良渚古城内表现得较为突出：城内没有发现农业生产的遗迹，却发现了多处大规模稻谷遗存，如宫殿区莫角山东坡的H11灰坑，经测算约有稻谷遗存1.2万千克；宫殿区西南部的池中寺台地，经测算约有稻谷遗存20万千克，可称之为国家官仓。上述大规模稻谷遗存的发现证明了良渚文化已具有发达的农业，为其发展提供了坚实的物质基础。

古城内的居民为贵族和手工业者，其日常所需的生活和生产物资是由古城郊区及良渚遗址（群）以外的居民所提供；良渚时期的手工业门类齐全，包括制陶业、玉石业、漆木业等，基本上涵盖了男耕女织时代所有的手工业生产门类，上述社会分工都需以发达的农业作为基础。

4.1.1 稻作

在适宜农业发展的环境条件下，良渚先民种植水稻，使用了成套农业工具，生产规模大、灌溉系统发达、产量高，稻米已成为良渚先民的主食。

（1）环境条件

良渚地区的环境考古研究显示：距今5 500—5 100年（崧泽文化晚期至良渚文化早期），暖湿程度较前期有所降低，水位明显下降，水域面积缩小，广大平原仍存在低洼积水的沼泽。本地区仍以湿地环境为主，植被为以常绿阔叶林为主的阔叶混交林，大致相当于现代南亚热带气候，气温和降水略高于现代。野生植物种类有青冈、常绿栎、松、蕈树等木本植物，以及包括芡实、眼子菜等湿地植物在内的草本植物。孢粉分析显示：此时良渚地区可能已存在一定规模的人工栽培水稻。

距今 5 100—4 700 年（良渚文化早期至中期），气温曾有小幅下降，水位继续降低。本地区稻作活动持续发展，规模不断扩大。受气候，特别是人类活动的影响，本地区河网发达，湿地和原始森林面积缩小。至该阶段末期，气候暖湿程度有所回升。

距今 4 700—4 300 年（良渚文化晚期），气候暖湿并基本稳定。人类活动加剧，自然植被受到破坏。良渚文化末期以后，本地区发生大规模、频繁的洪水，稻作农业范围减小，衰退显著。

良渚时期的气候相较于距今 8 000—5 600 年的全新世大暖期是干冷的，但总体比现今要温暖湿润。良渚文化位于江南水网地区，水资源丰富；随着气候的变化，良渚地区陆域面积扩大、水域面积缩小；陆地地表为淡水沼泽和海相淤泥所覆盖，其中海相淤泥经过多年的降雨淡化和植物生物作用，也已变为肥沃之土。上述环境条件有利于良渚时期的大规模稻作农业发展。

（2）农业工具

农具是古代劳动人民从事农业生产活动使用的工具。崧泽文化晚期即开始出现了少量的石镰和石犁。良渚文化时期农具呈现出多样化、专业化与规范化的特征，出现了成套的先进生产工具，如石犁、石破土器、石镰和石刀等（图4-1），其种类之多和打磨之精致在中国新石器时代首屈一指，特别是石犁在良渚时期的运用，大大提高了劳动生产率和翻地质量，这正适应了大规模水稻种植的需要。

（3）良渚稻田

良渚文化时期的农业生产已有明确的组织、管理和规划，浙江余杭茅

石犁　　　　　　　　　　石镰

石破土器　　　　　　　　石刀

图 4-1　良渚时期的农具

山遗址发现了目前最大的良渚文化稻田。茅山遗址位于古城以东约 30 千米处，是良渚古城的同期遗存。经考古发掘，茅山遗址揭露出居住区、墓葬区和稻田区（图 4-2），其中稻田区位于山麓南侧的低地。良渚中期的稻田规模并不大，呈条块状，每块稻田面积从 1—2 平方米到 30—40 平方米不等；发展到良渚晚期，则形成总面积达 55 000 平方米（折合约 83 亩）的超大稻田区。该稻田区被 5 条南北向的红烧土田埂（长 17—19 米）和 2 条东西向的河道及灌溉渠系切割成多个面积 1 000—2 000 平方米的大田块。

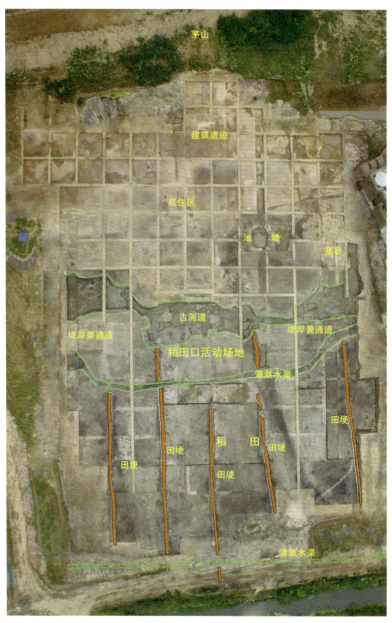

图 4-2　茅山遗址良渚晚期稻田及相关遗迹

（4）水稻驯化

长江中下游地区是目前所知世界稻作农业的原产地之一，其水稻驯化始于1万年以前。浙江浦江上山遗址发现距今1万年左右的稻谷；在距今8 000—7 000年左右的跨湖桥遗址中，出土的炭化稻谷与野生稻的差异已非常明显，表明水稻已走上人工栽培的道路；根据对马家浜文化遗址出土稻谷的粒型、小穗轴和植物硅酸体的综合研究，距今6 000年左右，长江下游地区已基本完成从野生稻到栽培稻的驯化过程。

粳米

籼米

图4-3 粳米和籼米形态对比

对良渚遗址（群）出土的炭化稻谷和水稻植物硅酸体进行分析可发现，良渚时期的稻米形态特征为短圆类型，与现代栽培稻种的粳亚种谷粒相似，表明良渚时期栽培的稻类型可能以粳亚种为主。根据对茅山遗址的估算，当时的亩产量可达141千克。我们可以做个对比，1950年中国水稻的平均亩产量也是141千克，由此可见良渚时期的稻作农业水平已经非常发达。依据相关研究，与起源于印度的栽培的籼稻并列，起源于长江下游的粳稻是中国对人类水稻栽培的独特贡献（图4-3），良渚遗址（群）的稻谷和稻田遗存正是这一伟大成就的见证。

稻作

4.1.2 良渚先民的食物

良渚先民以稻米为主食，通过家畜饲养、果蔬栽培及渔猎采集等活动，使食物结构丰富多样（表4-1），成为当时经济生活与居住地自然环境相互适应的最好诠释。

表4-1 良渚文化时期食物种类一览表

植物性食物			动物性食物		
稻（栽培）	葫芦（栽培）	菜瓜	家猪	狗（驯养）	野猪
芡实	菱角（栽培）	豇豆	水鹿	梅花鹿	麂子
杏（栽培）	桃	梅（栽培）	大雁	环颈雉	鸭
甜瓜（栽培）	野葡萄	柿	天鹅	中华鳖	乌龟
悬钩子	南酸枣		螺	蚌	蚬
			鲨鱼	鲤鱼	草鱼
			鲶鱼	鼠	猴
			虎	圣水牛	

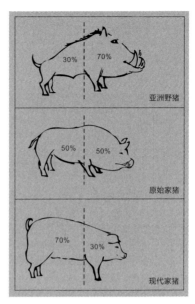

图 4-4　野猪到家猪的驯化

（1）植物性食物

良渚古城遗址中发现的植物性食物，除了稻米以外，还有葫芦、甜瓜、菜瓜、桃子、梅子、柿子、菱角、芡实等，这些植物是长江下游地区瓜、果、蔬菜种植的传统品种。此外，还发现了野葡萄、南酸枣和悬钩子等野生果实，食用这些植物果实的习俗不仅历史悠久，而且延续了几千年，直至近现代当地人还在野外采集食用此类果实。

（2）动物性食物

良渚古城遗址中发现的猪骨骼数量最多，达到可鉴定骨骼数量的70%以上（这些猪骨大多为食用后的弃骨，猪龄在数月至1年之间，属于驯化猪——家猪，图4-4）；中小型鹿类、水牛及虎等野生动物骨骼的出土数量也较多。当时存在以饲养家猪为主的较为发达的饲养业，同时以狩猎野生动物作为肉类食物的补充。古城周边的大遮山、大雄山等丘陵纵深地带，正是野生动物理想的栖息地；而古城周边河网密布，有大面积湿地，为良渚先民提供了丰富的水产资源，如鱼、螺蛳等（图4-5）。

另外，动物骨骼遗存上发现了锯、砍、砸、烧、磨、钻孔、刻划等多种人工痕迹，这与人类狩猎、屠宰、剥皮、肢解、剔肉、取髓、烹饪和制

图 4-5　良渚先民动物性食物

作骨器等行为有关。良渚时期存在骨制品加工业,目前整理出了部分较为细碎的骨、角料,以及骨镞、骨簪、骨锥、骨凿、骨饰片、鱼钩、獠牙饰、象牙梳等(图 4-6 和图 4-7),均为小型骨质品,加工方式以砸、锯、磨为主。

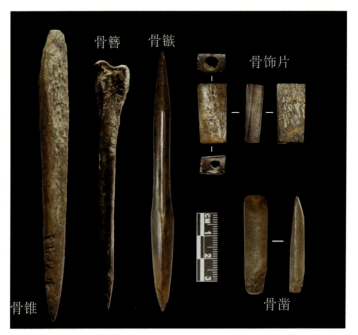

图 4-6 良渚骨器

图 4-7 骨鱼钩

4.2 制陶

陶器是先民日常生活中最大宗的生活用品，是史前考古发掘中最常见的器物；同时因其易碎且更新率高，陶器也是解读古代社会及其发展演变最主要的研究对象。

4.2.1 日常用陶

良渚文化的日常用陶种类繁多、制作精细，反映了良渚社会的精致生活，具体可细分为炊煮器、盛食器、水酒器和存储器。

（1）炊煮器

所谓炊煮器，就是用火烧煮食物的容器。良渚时的炊煮器都是三足器，因为要经受烈火的烧灼，器身特别是三足都要用夹砂、夹蚌、夹炭等陶土制作，主要是因为掺有沙粒、蚌屑、谷壳等材料的陶器，可减缓热量传导速度，具有较好的耐火防裂效果。

炊煮器中最常见、用途最广的是鼎（图 4-8），可用于日常的煮饭、煲汤。常规的鼎直径都在 10—20 厘米，适合一个小家庭使用；部分鼎的直径超过 20 厘米甚至 30 厘米，个别的直径能超过 40 厘米，它们应是大家庭举行公共活动时使用的。

隔档鼎是蒸食用具（图 4-9）。在鼎内壁设有一圈承放箅子的隔档，使用时，将食物放在鼎内的箅子上，通过加热鼎中的水，利用水蒸气将食物蒸熟。通常，隔档下部会有一个注水孔，便于鼎内水不足时加水。

三足盉和袋足鬶的造型较为相似，区别在于前者为实心足，后者为空心足（图 4-10）。因为有流口，足部往往附着烟炱，似乎都可用来为酒、水、饮料等液体加温，尤其是袋足鬶，三个袋足可盛液体，烧煮或温热液体的容量大、热效高。

图 4-8 鼎

图 4-9 隔档鼎

图 4-10 三足盉和袋足鬶

(2)盛食器

盛食器就是餐具,包括豆、盆、盘、簋等(图4-11)。从造型来看,这些器物应该具有相对固定的用途。按常理推断,腹部较浅的器物,如豆和略高的圈足盘可能用来盛放干货以及蔬果;腹部较深的器物,如盆、簋则可能用来盛装带汤水的食物,尤其是呈子母口的簋,基本都有盖,说明这类器物具有保温和汤水不易洒出的特性。

盆

豆

圈足盘

簋

图 4-11 盛食器

(3) 水酒器

将双鼻壶、杯、宽把杯、匜、过滤器等统称为水酒器,是因为目前尚无法判断它们是专门的水器还是酒具,或者两者可通用(图4-12)。从形态和体量上看,双鼻壶、杯可以用来喝水,也可以用来喝酒。宽把杯和匜都带流口,且流口和把手在同一直线上,不适合自饮,应该是分饮器。两种分饮器的存在,很可能意味着它们有不同的使用功能。可以认为在良渚文化的诸多陶器中,三足盉、匜和杯可以构成一套完整的饮水具;而袋足鬹、宽把杯和双鼻壶可以构成一套酒具,其中宽把杯和双鼻壶有盖,合上盖子可以保温和抑制酒精挥发。

双鼻壶

杯

宽把杯

匜

图4-12 水酒器

过滤器的造型非常奇特，主体为一个陶钵，侧边带一个较高的漏钵，部分在底钵内还有一道隔板（图4-13）。专家推测这可能是滤酒器，带酒糟的米酒或果酒经过漏钵过滤，就可以获得较纯净的酒。如果再经过底钵内隔板的过滤，可获得更加清纯的酒。此外，考古发现过滤器常与女性使用的纺轮共出。

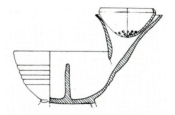

图4-13 过滤器及其结构示意图

（4）存储器

数量最多、个体差异较大的陶罐，应是良渚先民最主要的存储器，无论固体或液体的物品皆可以存放；大型的尊、瓮可以存储水或酒。江苏高城墩遗址曾出土过一个高达 78 厘米的瓮，可能是目前所见体量最大的良渚陶器。（图 4-14）

图 4-14　高城墩大瓮

4.2.2　丧葬用陶

良渚文化的陶器在随葬品的组合上以一种更加规范和固定的模式出现，这时已经普遍使用专门为随葬而烧制的明器，鼎、豆、壶、罐成为主要的组合（相比于日常用陶，丧葬用陶没有使用痕迹且尺寸很小，质量偏差）。随葬品的明器化与固定组合，也反映了社会制度的规范化。

4.2.3　礼仪用陶

良渚文化中晚期流行一种特殊的泥质红陶罐，翻卷的沿面戳刻格式一致的纹样，弧线间断处往往戳刻相同或不同的符号，可能具有一定的礼仪功能（图 4-15）。

良渚陶器的表面一般没有装饰性纹饰，素面与表面的光泽（铅亮色的黑陶），是良渚先民审美的追求，这与其对玉器、漆器光亮的质感追求是一致的。在良渚古城发现了许多良渚文化晚期的细刻纹陶器，其刻纹内容不是简单的装饰纹样，而是与良渚文化信仰相关的主题图案，如兽面纹、变体鸟纹、变体龙纹等（图4-16）。除精美纹样以外，良渚陶器还可能装饰有朱漆或彩绘（图4-17），上述装饰手法多出现在贵族使用的陶礼器上。

图4-15 红陶罐及其口部纹饰

图4-16 陶器上的兽面纹

图4-17 彩绘陶器

4.2.4 陶器的制作

制陶

尽管尚未发现良渚时期的陶器制坯作坊和窑址，但从已出土的良渚陶器的规整程度及造型艺术来看，良渚时期的制陶技术已臻于成熟，轮制技术普遍使用，产业规模十分可观。

所谓轮制技术，就是以带轴的转盘为工作台面，将陶泥置于其上进行拉坯塑形，从而制成匀称而规整的陶器。相较于泥片贴塑、泥条盘筑等原始手工技法，借助转盘的陶器制作速度要快很多（从一些泥质陶器的残片上可推测出当时的快轮拉坯转速在每分钟 140 转左右），轮制技术大大提高了陶器的生产效率，特别是罐、豆、盘等圆形器，制作变得十分便捷。

圆形器始终是陶器的主要器型。除圆形器外，良渚陶器还有少量的椭圆形器，甚至方形器。卞家山遗址出土的四足方形盘（图 4-18），其四边、底面和四足为分别制作，然后黏合在一起，体量巨大，平整的底面还不能变形，其制坯和烧制的难度可想而知。陶瓷界有句行话，叫"一方顶十圆"，由此可见方形器物的制作之难。

图 4-18　四足方形盘

4.3 制石

石器是人类最早制造和使用的工具之一。旧石器时代，人类所用的工具多为打制石器；到了新石器时代，人类开始制作更为精细的磨制石器。良渚文化是新石器时代中华大地上最为灿烂的文化之一，目前尚没有任何迹象表明良渚存在金属工具，良渚文化遗址中出土最多的是陶器，其次就是石器。

4.3.1 石器的分类

良渚石器种类繁多、功能多样。按照用途，良渚石器大致可分为实用器和明器两大类，其中实用器又可细分为农耕用器、渔猎用器和加工工具等。

（1）农耕用器

良渚先民的农耕石器有石犁、石镰、石破土器和石刀等（见图4-1），主要用来进行耕作、收割等农业生产活动。石镰一般是单面开刃，微微内凹，刀刃在内凹处，与现代镰刀十分相似，主要用于收割水稻等农作物。石犁主要用于耕地。良渚石犁多为较大片状，往往由几个部件组合而成（图4-19），呈三角形，且带有钻孔。

（2）渔猎用具

目前认为，与渔猎有关的良渚文化石器主要有石镞、石斧、石网坠等。石镞与后来的弓箭箭头相似，有的似柳叶状，头部较尖；两翼有时为弧形，甚至有的还带有倒刺。石镞尾部多有一圆柱形突出，可以捆绑、镶插在竹木质的箭杆上（图4-20），它作为消耗品，在良渚文化遗址中出土数量很多。

图 4-19　组合石犁

图 4-20　石镞

图 4-21　石斧

图 4-22　石网坠

　　石斧多为质地坚硬的块体，正面为长方形，刃部较窄，尾部宽厚，没有钻孔。一般认为，石斧主要是用来砍砸，除了砍伐树木外，也可用来宰杀动物等（图 4-21）。

　　石网坠作为功能简单的器物，出土的数量并不太多，其样式与现代所见的网坠并无区别。一般认为石网坠是用来给渔网增加重量的，长度多在 5 厘米左右，为长条形扁圆体，两段靠近端部位置往往被切割成缩颈状（图 4-22）。

（3）加工工具

良渚时期的加工工具种类较多，有石锛、燧石、砺石等。石锛在良渚文化遗址中出土量较大，其数量与石镞差不多，是良渚社会最为重要的工具之一（图4-23）。良渚石锛制作精美，形态多样。厚体石锛粗犷，最厚处在石器中部，样式与前述石斧相似，但其相对较小，刃部更为锋利。有段石锛多为长方形，正面平直，在石器中间或靠后位置厚度陡减，呈台阶状，另一面则与石器主面连续无间断。有段石锛的这种样式设计与其按柄方式有关，以便插入木柄的榫卯之中，或通过捆绑进行固定。

图4-23　石锛1

图 4-23 石锛 2

燧石在旧石器时代就很常见，因其质地坚硬，人类对其认识和使用的时间较早。一般认为，良渚文化遗址中出土的燧石主要是一种雕刻工具，良渚诸多玉器上的纹饰，就是用它来进行雕刻的（图 4-24）。

遗址中出土的砺石大多块度较大，有 2—3 个较为平整的磨面，主要用来打磨石器（图 4-25）。带刃的良渚石器在加工过程中，需要用砺石来打磨和开刃。新石器时代的磨制石器与旧石器时代的打制石器相比，多了打磨、抛光的工序，既增加了刃部的锋利度，提高了工作效率，又增加了外表的美观程度。

图 4-24　燧石

图 4-25　砺石

图 4-26　石钺

（4）明器

明器即冥器，就是随葬器物。在良渚文化墓葬中，常见的随葬品是陶器，大多还会伴随出土一些石钺（图4-26）。石钺本身为武器，但考古发现的实用器不多，大量的是墓葬出土的非实用明器。石钺多呈扁平状，近方形，弧刃，高等级墓葬中出土的石钺往往没有开刃，肩部附近有一较大的钻孔。一般认为，出土石钺的墓主人为男性。

4.3.2 石料选择

新石器时代的石器首先要满足功能需求，即"能用且好用"；其次需满足当时的社会需求，即生产效率高，可以大规模地生产；最后在满足前两个要求的前提下，部分石器可能还会要求美观。良渚石器种类繁多、功能多样，良渚先民会不会对不同的石器选择专门的石料呢？带着这个问题，考古和地质工作者联合开展了良渚遗址群石器课题的研究工作。

研究人员对1 000多件石器进行了鉴定统计，发现良渚石器在石料选择上存在一定规律。良渚石器最多的岩石类型是沉积岩，其次是凝灰岩和变质岩（以斑点角岩为主），最少的是火成岩中的非凝灰岩类岩石。火成岩通常结构致密、强度高，其开采和加工较为困难；而沉积岩或由沉积岩变质而来的变质岩多具层理面（岩石中的薄弱面），该类岩石经风化作用后，会沿着岩石中的层理面发生剥离，便于良渚先民采集石料；在加工时，也可利用这些层理面对石料进行快速切割。

不同类型的石器大多有其对应的主要岩性，如石镞具有形状复杂、数量大、易损耗的特点，因此石镞主要选取硬度较低、易于加工、又可满足其使用功能的泥岩制作；石锛主要用于木材的加工，因此其材质多选取沉积岩中较为坚硬的硅质岩，同时为了避免受力方向平行于岩石层面（易造成石锛刃部的损坏），石锛的层理往往与刃线垂直；燧石的硅质含量很高，其硬度也很高且打磨出的石片刃口极薄，因此用于玉器纹饰的雕刻；砺石基本为砂岩,石英碎屑含量高,硬度大,适合进行石器磨制。

石钺基本都在墓葬中出土。高等级的墓葬中,出土的石钺材质多为凝灰岩和火成岩,大量出土的强熔结凝灰岩石钺,因为颜色斑驳被称为"花"石钺(图4-27),且石钺刃部没有使用过的痕迹,推测为石质礼器;而一些等级相对较低的墓葬中,石钺则以沉积岩为主,部分开过刃,有使用过的痕迹。

综合而言,良渚先民在长期生产实践过程中对不同石器的石料是有所选择的,这是他们对岩石和矿物认知水平的经验积累。

图4-27 "花"石钺

4.4 纺织

从考古发现的织物痕迹推断（图 4-28 和图 4-29），良渚先民的衣物以麻织物为主，丝织品可能也有使用，不同等级的人应穿戴不同。

纺轮在良渚时期的地层和墓葬中皆有出土，材质除了陶质以外，还有木质和石质的（图 4-30）。纺轮的形制为扁圆台体中间有一较细的穿孔，使用时需在纺轮中心孔内插入拈杆，先将麻纤维拈一段缠在拈杆上，一手提线、一手转动纺轮，纺轮飞快旋转，带动拈杆给麻纤维加捻，这是比手拈线更为进步的纺线方法（见图 4-29）。即便在现代，少数农村地区还有老人会用纺轮纺线，再织成布料，缝制衣服。

图 4-31 是反山女性墓葬中出土的三组八件一套玉织具，据推测为"卷布轴、机刀、分经器"。织机使用时，织者用腰带把卷布轴系于腹前，双脚蹬住经轴，使经线分组，开口刀竖起形成开口，用梭子绕经引纬，放平开口刀，轻轻打纬后抽出，然后开始下一纬的织造（图 4-32）。

纺织

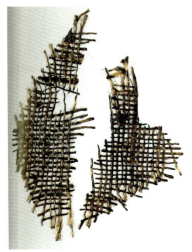

图 4-28　出土的麻布片　　　　图 4-29　纺轮使用及其捻向示意图

图 4-30　石纺轮

图 4-31　玉织具

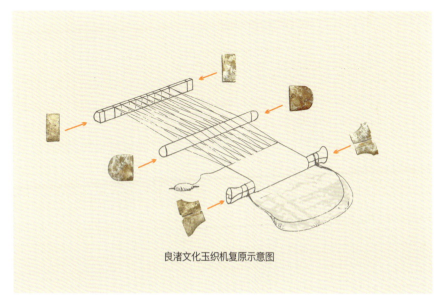

良渚文化玉织机复原示意图

图 4-32　织机使用示意图

4.5 漆器

中国最早的木胎漆器发现于跨湖桥文化。崧泽文化中发现有在黑陶表面施漆的现象。良渚文化的漆器出现了多层髹漆工艺，漆胎体和漆面的完美结合表明漆器制作工艺的成熟。良渚漆器崇尚红与黑相间的装饰风格，该风格一直延续到汉代。

黑陶上有两种施漆方式，一种是红色的朱砂涂抹在陶器的表面形成无光泽感的红色；另一种是有光泽感的皮状红漆。除陶器施漆外，良渚文化的木胎漆器也已十分成熟，漆的质感以及漆器的艺术图案，都可与春秋战国时期的漆器相媲美。木胎漆器有纯红色，有在红色底子上画黑彩的图案，也有在红色图案中镶嵌玉片的情况。

漆觚

漆筒形器

图 4-33 漆器

良渚文化的漆器主要有觚、筒形器、杯、盘、豆等（图4-33）。在内外城河的生活堆积以及卞家山遗址中出土了较多的漆觚残片，而在一般的遗址中很少发现漆器。墓葬中出土的漆器主要见于反山、瑶山等贵族墓葬。反山出土有嵌玉漆杯（图4-34）、嵌玉漆盘等，瑶山出土有高把漆杯。

图4-34 嵌玉漆杯复原品（141颗玉粒）

4.6 房屋建筑

良渚文化的房屋多建于自然高地或人工土台之上。房屋平面呈长方形,屋顶为坡度较大的两面坡或四面坡式的草顶,有的屋顶设有气窗(图4-35);四壁为"木骨泥墙"(墙体先用竹木枝编起,然后在篱笆墙的内外抹上泥巴),有的墙体内外装饰有灰白色涂料(图4-36)。房屋建筑有明显的等级区分。

图 4-35 出土的陶屋顶模型

图 4-36　刷有灰白色涂料的木骨泥墙

4.6.1 宫殿建筑

良渚古城宫殿作为礼仪性质浓厚的建筑形式，土台规模和建筑体量巨大，主要见于莫角山宫殿区。

（1）恢宏的建筑

大莫角山上共发现 7 个面积约 300—900 平方米的高台式建筑基址，呈南北两排分布。其中大莫角山 2 号宫殿建筑基址东西长约 25.5 米，南北宽约 11.5 米，面积约 280 平方米。房屋格局较为清晰，包括东、西两间房屋，每间长、宽均为 7.5 米。房屋四周围有檐廊，室外可能还铺设木板的户外活动面（图 4-37 和图 4-38）。

宫殿区东侧钟家港河道中出土了多根加工过的大木头，如图 4-39 左侧的方木长 17 米、宽 44 厘米、厚 20 厘米；中间的方木长 14.6 米、宽 50 厘米；右侧的圆木长 17.2 米，最大直径为 57 厘米。这些木头可能是建造宫殿时使用的木材，从它们的尺寸可推想良渚王宫建筑的恢宏。

（2）考究的工艺

莫角山台地营建时，西部利用了一座自然山体，东部先用青灰淤泥堆筑基础，部分区域用草裹泥堆筑，达到一定高度后，再用黄土堆筑，边缘以版筑方式加固。土台的人工堆筑厚度最高达 16.5 米，土方总量约 228 万立方米。

莫角山台基中部区域（三座宫殿台基之间）的黄土上部还存在一层由沙和土混合夯筑而成的加固地面，称之为沙土广场。广场大致呈曲尺形，分布在东西长约 465 米、南北宽约 320 米的范围内，占地面积达 7 万平方米（图 4-40）。沙土广场是以一层沙、一层土交错夯筑而成的，质地坚硬、制作考究，是古城内外唯一明确的夯筑遗存（图 4-41）。经过研究发现，此类沙土夯筑结构可起到透水、坚固及雨天防粘的作用，并推测沙土广场应是莫角山宫殿区举行重要仪式的场所，类似于现今的天安门广场。

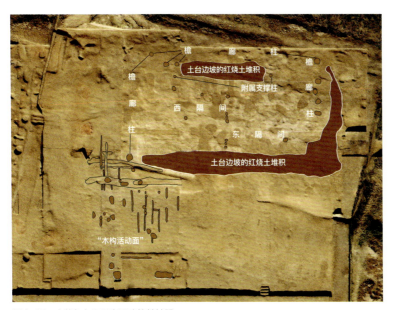

图 4-37　大莫角山 2 号宫殿建筑基址图

图 4-38　大莫角山 2 号宫殿建筑复原图

图 4-39 宫殿区东侧钟家港河道中出土的 3 根大木头

图 4-40　沙土广场遗迹分布

图 4-41　沙土广场夯坑遗迹

4.6.2　民居建筑

良渚文化时期的民居面积较小，多为 5—20 平方米（图 4-42），木骨泥墙高度较低，墙体内外可能没有装饰性灰白色涂料。

图 4-42　城墙上的建筑基址

4.7 木作

人类对木材的利用从史前一直延续至今，过河的桥、运输的船、住的房子、铺的地板、吃饭的餐具样样都离不开木材。当时的木作加工技术已非常成熟，大型建筑构件的制作水平也十分高超（如钟家港河道中出土的大木头，见图4-39；美人地的木板护岸，见图3-8；卞家山的木构码头与河埠头，见图3-10），各类榫卯工艺精湛、运用广泛。

图4-43 钟家港河道中出土的大木头的端部

仔细观察钟家港河道中出土的大木头端部（图4-43），可见中间方木的端部加工有抓手，在抓手处还发现了藤条编的绳索，如此可方便木材的绑缚、远程运输和吊装等。图4-44为莫角山遗址西坡发现的木桩框架，东西向木桩共3排，南北向2排。木桩底部削尖，插入泥土中，木桩与木桩之间依靠榫卯与横木相连，形成一个大框架，而后在框架之中再填筑草裹泥。

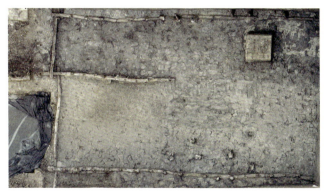

图4-44　莫角山遗址西坡出土的木桩框架

木作

　　木材除了作为建筑材料使用,良渚先民的日常生活也离不开木制品。图 3-6 为临平茅山遗址出土的良渚独木舟。该独木舟长 7.35 米,由整段松木凿制而成,是国内考古发掘出土的最长、最完整的史前独木舟。据推算,该独木舟的最大载货量为 300 千克。图 4-45 为钟家港河道和卞家山遗址出土的木臿,其功用与现今的木铲相同,良渚先民正是使用这种挖土工具从沼泽地上挖取淤泥来制作草裹泥的。良渚遗址还出土了 20 多个木陀螺(图 4-46),形制与现在的陀螺无异,其上还可见加工时的凿痕。此外,良渚先民的木质用品还有豆、盘、壶、斗、锤、屐、桨、矛等(图 4-47 和图 4-48)。

图 4-45　木臿

图 4-46 木陀螺

图 4-47 木屐

图 4-48 木桨

4.8　刻画符号与原始文字

文字的起源，始终是历史学家、古文字学家和考古学家们长期关注的热点问题。在中国的古史传说中，文字是由一个名叫仓颉的上古大神所创制的。他根据鸟兽行迹、天象变化等进行指事状物的描摹，创立了书写系统，即文字。文字的创立一举打破了蒙昧，使语言和行为能被记录下来，智慧得以最大限度的积累，其对古代社会的文明化进程无疑具有巨大的推动作用。

目前公认中国最早的文字，是商代中晚期的甲骨文。从甲骨文的成熟程度来看，在它之前存在一个原始文字的产生和发展过程。新石器时代各类文化曾发现过很多刻画符号，如在仰韶文化（位于黄河中游地区，距今7 000—5 000年）和龙山文化（位于黄河中下游地区，距今4 300—3 800年）的遗址中发现的刻画符号，因其表意和运用范围有限，无法归入文字的范畴。

良渚文化遗址中出土了很多刻画符号，良渚博物院编著的《良渚文化刻画符号》一书收录了刻画于陶器、石器、玉器上的符号340余种，分布在600余件器物上，总数量超过了750个，有的依物赋形，有的包含了抽象笔画组合，有的符号排列有序、重复出现。

文字的出现是社会进步到某一阶段的必然产物，表面上起到记录和交流的作用，实质上则是适应社会集团进行有序控制的需要，即意识形态与社会结构关系的互动需要。自1936年以来，诸多学者就曾提出良渚文化的陶器刻符是古代文字的问题。目前多数专家认为，从文字的发展阶段来看，良渚文化的刻画符号，一部分已经处于高级阶段，具备文字特有的表意功能。

4.8.1 刻画符号

良渚文化的刻画符号主要有笔画简单的指事性抽象符号、象形符号，以及表意性图画符号三大类。

（1）笔画简单的指事性抽象符号

此类符号常发现于器物口沿或器底部位，往往为器物烧制前刻画，该类符号可能是作为标识性质的记录（图4-49）。《中国国家地理》杂志

图4-49　指事性抽象符号

曾将此类符号与甲骨文的数字一、二、三、四、五、七、八放在一起比较，发现它们出奇得相似；这种相似是巧合还是存有内在联系，有待将来进一步的研究发现（图 4-50）。

（2）象形符号

此类符号由图形构成，让人联想到摹绘对象的形状特征，通常在器物显眼处出现（图 4-51）。

图 4-50　良渚刻画符号与甲骨文数字的比较

图 4-51　象形符号

（3）表意性图画符号

此类符号与象形符号的区别在于其不仅仅是表意，还可能是若干抽象或局部的结构组合；也正因为如此，对于其结构的讨论要相对困难一些（图4-52）。

图4-52　表意性图画符号及拓片

4.8.2 原始文字

良渚文化晚期出土的器物上发现了多个刻画符号的排列组合，突破了符号孤立存在的局面。这说明良渚先民们想要表达或传递某种信息，不能简单地视其为装饰用图像，而是这些刻画符号蕴含着某种特定的"表象"意义，可以视为良渚文化的"原始文字"。

浙江余杭南湖采集的良渚黑陶圈足罐上有多个刻画符号（图4-53），这组符号将先民野外捕捉猛兽的意思表达得十分清楚。古文字学家李学勤先生曾将公布的符号辨识为8个字，并释读为"朱旐（yǎn）戔（jiān）石，网虎石封"。"朱旐"，可能是族名或人名，意为红色的旗子；"戔"意为行、往；"石"是一个地名；"封"意为境地。连起来意思就是：朱去往石地，在石的境内用网捕捉老虎。

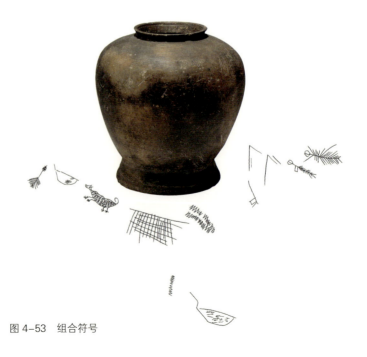

图4-53 组合符号

良渚文化中发现多件刻有符号的石钺（图4-54）。图B面右上角，有一个类似文字的符号；A面有纵向一列共6个符号，布局完整，周围没有别的线条或符号干扰。第一、三、五个是"廿"字形，第二、四、六个是"⊥"字形。对于"廿""⊥"的组合重复出现三遍，说明这一组合不是偶然；而第二、四个"⊥"字与第六个"⊥"字的不同表达出了一组相对或相反的意思。

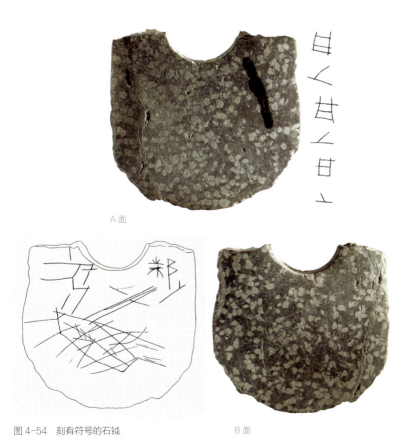

图4-54 刻有符号的石钺

此外,良渚文化中的少量玉璧、玉琮上还刻画有鸟立高台等形态特殊的符号,多数高台图形的内部刻有符号,有的可能是巫师的形象(图4-55)。在古埃及文明中也有类似的符号。古埃及的王名一般由鸟形外加台形符号组成,鸟形表示神,台形表示宫殿,台形内部刻有国王的名字(如第一王朝第四王——蛇王杰特)。

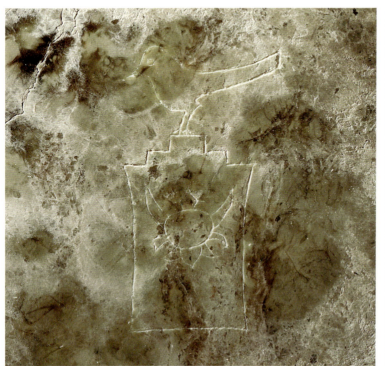

图 4-55 良渚鸟立高台符号与古埃及类似的符号

对于良渚文化是否存在文字这个问题，目前很难用有或没有来回答。确切来讲，暂时还未发现良渚文化具有与甲骨文类似的成熟文字系统，但是良渚文化应有表意层面的文字替代物，即能够发挥类似于文字表意功能的图符系统。鉴于目前掌握材料的限制，良渚文化"原始文字"的破译工作，尚待将来更多的发现和长期深入的研究。

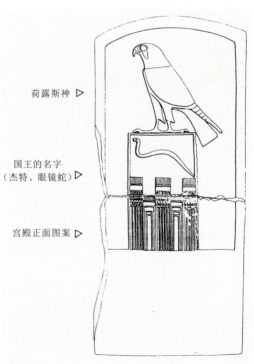

荷露斯神 ▷

国王的名字
（杰特、眼镜蛇）▷

宫殿正面图案 ▷

玉冠状器

第 5 章 玉出东方

清代乾隆皇帝博雅好古，自命风流，一生作诗 4 万多首，数量上几乎与《全唐诗》相当。乾隆御制诗作题材广泛，其中就有良渚文化的玉器。不过乾隆对古物并没有太多的研究，依旧引用前人的说法为"汉玉"。他写过不少关于"汉玉"的诗，如《汉玉瓶》："……瑰宝汉京重，廉贞君子如。砚头沾墨雨，世外阅仙鱼。棐几陪清供，兴怀静赏馀。"乾隆诗作中描写的"玉瓶"，其实就是玉琮的改制品。乾隆命人将玉琮稍加改造，加了底，可做花瓶或笔筒；再加了盖，可以做容器；盖子上再打了孔，甚至可做熏炉。除了玉琮之外，良渚玉璧、玉璜、玉钺等，都被乾隆开发成了良渚玉器系列文创。

那么，令乾隆大发诗情与创意的良渚玉器，究竟有哪些门类？又是如何制作出来的呢？

玉器真相

5.1 良渚玉器

玉文明是良渚文明的重要特征。从玉器产生之初至良渚时期，玉器已从最初的"石之美者"概念，转化成为一种社会化、礼仪化和宗教化的产品，并围绕神权和王权产生了一套玉礼器系统。按照玉器的功能，良渚玉器大致分为三大类：第一类是玉礼器中的重器，包括琮、璧、钺、冠状器、三叉形器、成组锥形器、璜和带钩等，它们通过器形、纹饰、组合和数量来表现身份等级和性别差异；第二类是一般礼仪性玉器，如织具、纺轮等；第三类是一般装饰性玉器，如管、珠、镯等。

5.1.1 玉礼器

玉以其美丽、坚韧和稀有等特性成为表现信仰与权力的主要载体。玉礼器与统一的神灵崇拜是良渚社会政权组织的主要手段和纽带。玉器造型的设计与纹饰的雕琢，也反映了良渚文化最高的艺术成就。围绕着神权、王权和军权，良渚先民设计了一整套标志身份的玉礼器，如玉琮象征神权，玉钺象征军权等。玉器用于标识拥有者的身份和地位，维系社会政权组织的有序运行。与礼仪系统相对应的是统一的神徽。许多良渚玉器上不仅雕刻有神徽图案，而且玉琮、冠状器、玉钺柄端饰等许多玉礼器的构形都与表现这一神徽有着直接的关系。这种信仰与政权的物化结合正是良渚作为神王之国的重要见证。

玉琮是神徽的主要载体，它的形态、起源和发展与神徽相关（图5-1）。玉琮上的神徽，一般为每件对称施刻的四组相同图案，有单层和多层之分，上下呈竖直堆叠方式；在相邻两组图案之间隔以竖槽和横向分节槽，这种槽在造型上也构成了良渚玉琮的一个特点。早期的圆形玉琮，是在圆筒形的外周浮凸四个兽面图案，后期为了使神徽立体化，逐渐沿鼻线加高，最终形成了玉琮外方内圆的形式。从对神徽的细微刻画，到玉琮外方内圆神柱形式的形成，玉琮逐渐成为刻画于其上神灵形象的象征。所以在许多装饰品与实用器上，又衍生出仿琮形的玉器，如琮式玉管、琮式玉锥形器等，这些都是从玉琮象征意义中衍化出的对神徽的表现形式。

图5-1 玉琮

玉璧是一种中央穿孔的扁平状圆形玉器，体现了贵族对财富的占有，是良渚玉礼器系统中的大型器物。（图5-2）玉璧在当时应是作为"以玉事神"意义上的一种祭品，大多通体素面，良渚晚期极少数玉璧上还加刻了以鸟立高台为主题的图符。

钺是良渚先民的武器，在贵族手中则象征着军权（图5-3）。玉钺出土于高等级墓葬中，就浙北地区而言，每墓只有一件，而随葬石钺的数量可多达数十把，甚至上百把。反山王陵M12出土的玉钺不仅形体宽大，而且在钺的两面各雕琢有一个完整的神徽和鸟的图案，被称为"玉钺王"。高等级玉钺的钺柄两端装有玉质的瑁和镦，钺柄顶端的玉饰侧视如同一艘

图5-2　玉璧

图5-3　刻有神徽和鸟纹的玉钺

船的剪影。这种造型的设计是将神徽的羽冠以鼻线为中轴对折起来的一种表现手法，目的是为了适应钺的安柄方式（图5-4）。玉钺上刻有神徽，以及将神冠加在权杖上面，那么军权与王权也便被赋予了神的意志。

加有两端装饰的玉钺权杖整体形式与甲骨文中的"戉"字十分一致，是"戉"象形字的直接取像来源。林沄先生于1965年发表论文论证了"戉"与"王"在造字上的关系，证明王字是戉字的假借字（王字在甲骨文与金文之中便像斧钺之形，表现的是刃口朝下的钺的形态，图5-5）。《史记·殷本纪》在描写商汤伐夏时，写到"汤自把钺以伐昆吾，遂伐桀"。《史记·周本纪》在描写周武王伐商时，也写到"武王左杖黄钺，右秉白旄，以麾"。从对良渚玉钺权杖的设计分析，可对王字造字本意的理解里又多出一层新的含意，即"戉"和"王"不仅象征着军权和王权，同时也包含了神权，这种君权神授的理念自其产生之后，便影响了中国几千年。

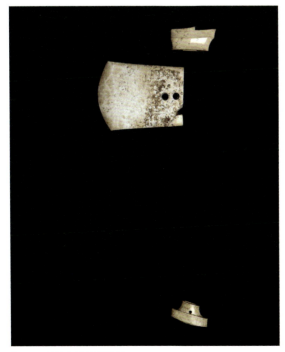

图 5-4　反山 M14 玉钺组合

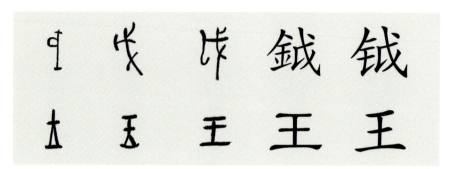

图 5-5 "戉"与"王"的演变

玉冠状器是良渚玉器中较为多见的一种（图 5-6），呈形体扁薄的倒梯形，上端中间往往有凸起的尖，下端修成扁榫状，并有许多小孔，以便于固定。其整体形态与完整神徽的弓形帽子十分相像，因此称之为冠状器。1999 年，考古工作者在浙江海盐周家浜遗址的发掘中，发现了与象牙梳连在一起的冠状器，才明确了它是插在墓主人发髻上的一种头饰。从冠状器

图 5-6 玉冠状器

的随葬情况看，拥有这种头饰的人一般具有较高的社会地位。在反山和瑶山等高等级墓地中，每座墓都有一件冠状器，而在中等级墓地中，只有地位较高的墓葬才会有冠状器。这反映了该种头饰在标明身份中的重要性和不可或缺的地位。将神冠戴在巫师和首领的头上，那么巫师和首领便成为神的化身，这是良渚文化神权统治的一种表现。

玉三叉形器是良渚古城地区男性高等级墓葬专用的随葬品，位于墓主人头部的上方，是男性首领头冠上的一种装饰（图5-7）。有施刻神徽纹饰和素面两种，其外缘轮廓一般为圆弧形，上有三个分叉，中间的叉往往略短。三叉上一般都有钻孔，中叉上的孔为上下贯通的竖孔，两边叉上或为竖孔，或为牛鼻状隧孔。出土时中叉相对处往往有玉管相接，是贯穿为一体使用的。

图 5-7　玉三叉形器

玉锥形器是良渚大墓中较多见的玉器，其横截面有方、圆两种，以素面者居多，少数琢有神徽图案（图5-8）。截面为方者，即琮式锥形器，呈四面式，中间有隔槽。截面为圆者，其上的纹饰则一般为两面式。无论长短方圆，其上端均做成尖状，下端一般做成短榫状，并往往有细小的横孔。从所有施纹者考察，均以尖端朝上为正。从随葬情况看，比较明确的使用方式有两种：一种方式是成束地放于死者头部，尖端朝上；推测其功用可能为冠帽上的装饰，与男性首领的身份有关。另一种方式是单件位于死者腰侧，尖端也朝向头部；可能为墓主人手中所持的某种杆状物前端的镶嵌。鉴于锥形器随葬情况的普遍性和固定性，表明锥形器是具有固定象征意义和功能、身份代表的礼器。

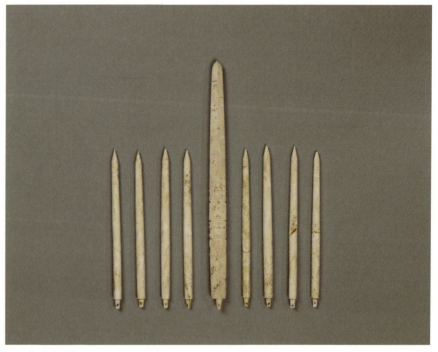

图5-8　玉锥形器

玉璜是从马家浜文化晚期即开始出现的一种玉器。从崧泽文化发展至良渚文化，逐渐明确为表示贵族女性身份的主要装饰品。良渚文化的玉璜，一般为半璧形，部分玉璜上雕刻有神徽的简化图案，表明这一玉器也统一纳入了以神徽崇拜为核心的玉礼器系统之中（图5-9）。

图5-9 玉璜

玉带钩（图5-10）一般出土于墓主人腰腹部，形制明确，目前仅在反山M14出土的带钩上发现有神徽图案，可见，巫师和首领的装饰和实用器也被赋予了神性。

5.1.2 一般礼仪性玉器

目前较为明确的一般礼仪性玉器主要有玉纺轮、玉织具、玉镰刀和玉刀等。从出土墓主人的身份、地位及用具制作的精美程度分析，该类玉器或不是出于生产目的，而是作为礼仪性用具。

玉纺轮（图5-11）目前完全可以确认的是瑶山M11出土的带杆玉纺轮，其纺轮的形制为扁圆台体中间有一较细的穿孔。玉织具（图4-31）只有反山M23所出土的三组八件一套，据论证为"卷布轴、机刀、分经器"。

玉刀和玉镰刀（图5-12和图5-13）是近年来才被考古发掘所认知的玉器。虽然在20世纪90年代，台北故宫博物院即收藏了一件双翼形玉刀，但由于在考古发掘中一直未见实证，因此受到许多研究者的怀疑，直到2004年在桐乡姚家山遗址中第一次发现了双翼形玉刀及玉镰刀，才确认了它们作为礼仪性用具的可靠性。

图5-10 玉带钩

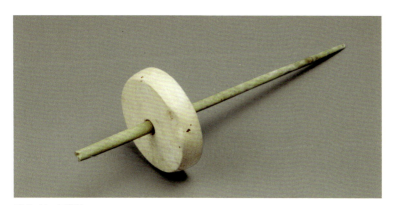

图 5-11　玉纺轮

图 5-12　玉刀

图 5-13　玉镰刀

5.1.3 一般装饰性玉器

目前可确定为一般装饰性玉器的有光素无纹的管、珠以及镯等（图5-14和图5-15）。管、珠在大墓中还常作为嵌于有机质物品上的玉粒，以及杖端饰的复合玉件，在良渚小墓中也是一种常见的饰品。

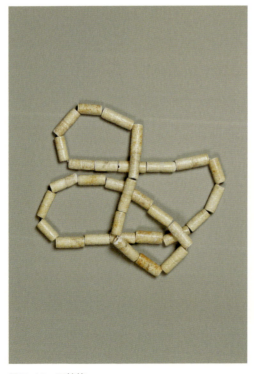

图 5-14　玉管饰

图 5-15　玉镯

5.2 治玉工艺

5.2.1 玉料及来源

　　玉其实有两种概念：一种是传统习惯的概念，另一种是地质学科中矿物学的概念。东汉许慎在《说文解字》中给出了玉的定义，为"石之美者，有五德者"。可见，传统的玉指的是美丽的石头，具体可包括玛瑙、水晶、石英、绿松石、叶蜡石和蛇纹石等美石，在古代它们都被当作玉来使用。而按照矿物学的概念，中国的玉可分为两大类：一类是角闪石类的玉，称为软玉，其矿物学名称叫做透闪石或阳起石。随着矿物成分中铁、镁等元素含量的不同，此类玉石呈现出白、绿、黄、黑等不同颜色。软玉的硬度为 6—6.5，密度为 $3\ g/cm^3$ 左右。另一类是辉石类的玉，称为硬玉。当此类玉石纯净时呈无色或白色，而含有微量的铬和氧化铁等元素时，则会呈现翠绿色和红色。由于这种玉的颜色艳丽，如同翡翠鸟的羽毛，因此古人便借用了翡翠鸟的名称，称其为翡翠。翡翠的硬度为 6.5—7.5，密度在 $3.333\ g/cm^3$ 左右。我国使用软玉的时间大约已有 1 万年，而翡翠的使用基本上是从明朝才开始的。

玉器受沁

良渚玉器的玉料未见硬玉,主要为透闪石-阳起石系列的软玉。受沁成黄白色的良渚玉器多为透闪石软玉,青绿色居多的良渚玉璧多为阳起石软玉。此外,良渚文化中的玉料还有蛇纹石、叶蜡石,以及少量的绿松石、石英、玛瑙、萤石等(图5-16)。值得指出的是,由于长时间的埋藏,良渚玉器受沁明显(受沁是指在内外因素作用下,玉器的颜色、光泽和半透明度发生变化),出土玉器的半透明度丧失及褪色变化,俗称"鸡骨白"和"南瓜黄"(图5-17)。

图5-16 良渚玉料类型

鸡骨白　　　　　南瓜黄

图 5-17　玉器受沁

　　截至目前，还没有发现任何一个良渚时期的玉矿，因此对于良渚玉料的来源还很难给出确切的答案。20 世纪 80 年代，地质工作者在江苏溧阳的小梅岭发现了一个玉矿。经检测，梅岭玉的元素构成和良渚玉璧有较多相似的地方，但部分微量元素仍有差别。除小梅岭外，环太湖地区的很多山脉都具有蕴藏玉矿的条件，如天目山、会稽山等。《山海经》中有"浮玉之山"的记载，一般认为这个"浮玉之山"就是天目山，而会稽山也被古籍描述为多"金玉"的地方。《尚书·禹贡》将中国分为九州，东南地区为扬州，书中曾记载扬州地区向中央王朝进贡的贡品中，有瑶和琨两样东西，这两样都是美丽的玉石。虽然《尚书》的成书年代晚至战国，但说明汉代以前，古人不仅相信东南地区出玉，而且它产的玉在当时还比较有名，这可能与良渚时期高度发达的玉文化有关。因此综合而言，良渚玉器的大部分玉料应该出自本地，当然绿松石等是外地流入的。

5.2.2 加工玉石的工具

矿物学中所称的硬度,通常是指摩氏硬度,即矿物与摩氏硬度计相比较的刻划硬度。该指标由奥地利矿物学家摩斯提出,他将矿物由软到硬分为 10 级。最软的矿物是滑石,硬度只有 1,最硬的矿物是金刚石,硬度为 10(图 5-18)。如上文所述,软玉的硬度是 6—6.5,硬玉的硬度是 6.5—7.5,而人的指甲的硬度是 2—2.5,现在我们使用的美工刀片硬度是 5—5.5,因此用指甲和小刀是刻不动真玉的。

硬度	1	2	3	4	5	6	7	8	9	10
名称	滑石	石膏	方解石	萤石	磷灰石	正长石	石英	黄玉	刚玉	金刚石
图片										

图 5-18　不同硬度的矿物

"它山之石,可以攻玉。"古人最初就是利用比软玉坚硬的其他矿石来加工玉器的。在新石器时代金属工具还没有发明以前,人们用竹子、麻线等材料,加上水和石英砂(俗称"解玉砂",硬度为 7)切割,用燧石雕刻、用石英砂岩打磨。这种加工方式有别于以往对石器以打制方式为主的加工,可以说是人类制造史上的一次进步。现代玉器加工时,人们以硬度更大的金刚砂代替解玉砂,镶嵌在切割工具的刃上,同时辅以动力设备,原理与良渚时期是一样的。

5.2.3　治玉工艺

良渚玉器代表了同时代玉器的最高水平。它的许多工艺在今天看来都极其精美,令人叹为观止。比如截圆,目前发现最大的玉璧直径可达 26 厘米,而用于镶嵌的玉粒最小尺寸不足 0.2 厘米,有些玉粒的表面还经过细致抛光。再如管钻技术,目前最大的管钻孔长达 50 厘米,最大的钻芯外径逾 10 厘米,最小的钻芯仅 0.2 厘米。此外,良渚玉器的琢刻纹饰技艺也非常先进,良渚工匠可在 0.1 厘米的宽度内刻划 5 道线条(图 5-19)。

图 5-19　良渚玉器上的微雕

良渚文化玉器的制作工艺主要采取线切割、锯切割、管钻、雕刻和碾磨等技术手段。线切割是指利用麻绳等柔性线状物带动解玉砂进行切割，形成波浪状的起伏面，常用于琮、璧、钺等大体量玉件制作的开料，也被用于三叉形器等复杂结构玉件的成坯（图5-20）。片切割是指利用竹、木等硬性刀状工具带动解玉砂进行切割，留下的痕迹较直，常用于玉件的纵向裁切，如制作锥形器、玉管的坯件，也用于制作玉件的榫头等（图5-20）。管钻是指利用竹、动物肢骨等作为管钻具带动解玉砂钻孔。

治玉工艺

良渚文化的玉器制作技术在崧泽文化时期就已经具备。良渚文化继承了崧泽文化的治玉技术，同时也创造了独具特色的工艺流程。崧泽玉器基本为扁薄体，一般采用单体成形的片状工艺，即玉器的初坯首先制成片状，然后再做进一步的加工。这种加工方式可被称为片状成坯工艺。良渚出现了琮、璧等较大体量的玉器，其制作过程显然都是先制成相应的柱状体，然后再做进一步的加工。柱形器等玉器多数是利用了玉琮、玉镯等的钻芯再进行第二次加工。而呈片状的玉器，如玉璧、圆牌形玉饰等，虽然个体表现为扁薄体，但对共出土的多件玉器一起研究发现，其制作工艺也往往是先制成一个柱体，然后再分片切割而成。另外，首尾相连出土的成串玉管，也常常是先制成细长的玉柱形，然后再分割成节。因此良渚玉器的这种加工特点，可称之为柱状成坯工艺。良渚文化的柱状成坯工艺与崧泽文化的片状成坯工艺相比，生产效率得到了很大的提高，这为良渚玉器数量上的大量增加提供了工艺技术上的保障。

图 5-20　良渚玉料上的线切割和片切割痕迹

玉琮

第 6 章 神王之国

良渚文明是一个神权与王权紧密结合的社会。良渚先民创造了统一的信仰,统治者和首领通过对信仰的控制而达到对社会的统治,其表现方式是对神像的占有,以及在权杖设计和佩戴品上体现神的存在。统治者将自己打扮成神的样子,从而实现神的代言人的目的。良渚的最高统治者,既是君王,也是神巫。

6.1 精神信仰

6.1.1 神徽

神像是良渚玉器的灵魂。考察玉器上的纹样，神徽及其简化形态遍布良渚文化的分布范围，贯穿良渚文化发展的始终，是良渚玉器图案的母题。良渚早期玉器上的神徽纹样繁复、具体、形态多样，雕刻图案与器物形态的造型变化并重；而晚期则渐趋简化、抽象。该趋势变化表明早期主要以图案来表达神灵的意义，逐渐被晚期日趋成熟规范定型化的玉礼器形态寓意所替代。

神灵是一种虚体的信仰。《山海经》中关于神的形象有"人面兽身""人面虎身""人面蛇身""人面鸟身"等种种变幻不定的说法。从这些说法可以看到，人类心目中神的形象脱不开人自身形象的局限，又不能等同于人的样子。良渚神徽同样反映了这种特质，其上部是头戴羽冠的人的形象，中间是圆眼獠牙的猛兽面目，下部是飞禽的利爪。这显然是一个复合体，但也是一个整体（图 6-1 和图 6-2）。针对神徽的雕琢，良渚先民主要采用了浅浮雕、阴刻与透雕等多种工艺手法，并往往将几种手法同时用于一件玉器上，以不同层次和角度的变幻表现这一神灵的高深莫测。

当虚体的神灵与人类发生关系时，必然要借助于媒体显现，某些特定的动物和巫师便充当了这种媒体，这也是巫教产生的根源。在良渚文化中，与这种神徽所代表的神灵崇拜关系最为密切的，应是那些扮演神灵的巫师。除此之外，某些特指的鸟也是这一神灵信仰中的媒体。

良渚神徽

鸟可以飞翔于蓝天的特性，令人类向往；候鸟定时定点归来飞去的生态现象，更增添了鸟的神秘感；在许多民族的文化中都有关于鸟的神话。《诗经·商颂·玄鸟》中说"天命玄鸟，降而生商"。据《史记·殷本纪》记载，有娀氏之女简狄，吞了玄鸟（一般认为是燕子）之蛋而生下了儿子契，

图 6-1 神徽

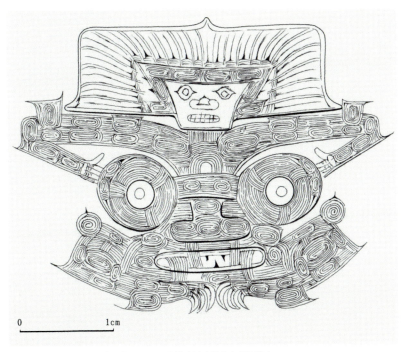

图 6-2 神徽图案线图（反山 M12:98 直槽中的完整神人兽面像）

契就是殷商族的始祖。

在良渚文化玉器的主题纹样中,鸟纹多与神徽组合,主要见于琮、冠状器、三叉形器及璜等玉器上。良渚鸟纹一般是刻于神徽的左右两侧,一个神徽与两只鸟纹相对应(见图5-3)。反山M12玉钺上的鸟纹,将单只鸟纹刻于神徽的下方,是这种鸟纹唯一的独特表现方式,但也更显示出神灵从天而降,来自飞鸟之上的感觉。神徽与鸟纹的对应组合,反映出良渚神与鸟的密切关系;鸟纹显然是神徽这一主题纹样的有机组成部分,但并不构成独立层次的崇拜意义。(图6-3)

图6-3 玉琮上的鸟纹

6.1.2 祭坛

考古工作者在良渚古城东北面的瑶山和西面的汇观山上发现了良渚早期的祭坛和墓地（见图 1-4）。

瑶山祭坛是一处依托山上原有红黄色土壤修筑而成的垒石包边长方形覆斗状土台，正南北向，东西长约 40 米、南北宽约 19 米，土台西北角残存的石坎高度近 1 米。祭坛顶部平整，在其西部中央，有以挖沟填筑的方式做出的一个规则回字形灰土框，东西长约 9 米，南北长约 11 米，与山上原有土壤形成了色彩鲜明的内外三重土色结构。瑶山共清理出 13 座良渚大墓，其中 M1、M3 打破了祭坛西侧的石坎，而 M2、M6—M9、M11、M12 则分别打破了祭坛的灰土框。这些墓葬不仅在地层上晚于祭坛的建筑年代，而且明显破坏了祭坛的最初设计格局。由于这一遗迹形态规则、结构奇特，其上没有建筑遗迹，却与以玉器为主要随葬品的良渚大墓结合在一起，推测该处为巫觋们举行祭祀活动的场所，并具有观象测年的作用；从相对纯净的堆土判断，随后此地便作为一处埋葬高等级贵族的墓地使用。

汇观山祭坛的形制与瑶山祭坛相似，也是利用自然山体修凿而成的，呈长方形覆斗状，在祭坛顶面偏西的位置，同样以挖沟填筑的方式做出了回字形灰土方框。在汇观山祭坛的西南部发现了 4 座良渚大墓。其中 M1、M2 的年代与瑶山接近，埋在祭坛的西南角，未破坏祭坛的格局；而 M3、M4 的年代较晚；M4 则打破了祭坛顶面的灰土框，破坏了最初的设计格局。

随着考古发掘的进行，关于瑶山和汇观山祭坛的诸多疑问一直困扰着考古工作者：在同一时期，相距如此近的两地，良渚先民为什么修建两座形制如此相似的祭坛？为什么精心设计与耗工修筑的祭坛在不长的时期内就被弃之不用了？祭坛原先的设计功能被什么所取代了？针对上述疑问，考古工作者们开展了相关研究和推理。

瑶山与汇观山两座祭坛皆对整座山体进行了规划与修整,可作为祭祀活动与集会的场所,但祭坛平面布局最具意义的部分应是顶部灰土方框的设计。如果仅仅是一座举行祭祀或集会的场所,那么灰土方框的设计似乎没有不可或缺的意义。如果仅仅是作为墓地,那么则更没有必要营建这样的结构,而且墓葬还破坏了原先的设计。考古工作者也曾设想过该种设计与史书记载中的坛或者社的联系,即以形成灰色土框内外的三重土色结构为其主要设计意图,但祭坛主体部分的土台是东西长南北短的东西向长方形,而灰土框的形态却是南北长东西短的南北向长方形,同时灰土框偏于祭坛顶部的西侧,在整个祭坛平面上缺乏对称性,显得不够合理。

瑶山与汇观山祭坛虽然在平面尺寸上略有差别,但两座祭坛回字形灰色土框的四角所指方向却是基本一致的,分别约为北偏东45度、135度、225度和305度(图6-4和图6-5)。通过多年的实地观测,考古工作者发现:冬至日,日出的方向正好与两座祭坛的东南角所指的方位一致,约为北偏东135度,而日落方向正好与祭坛的西南角所指的方位一致,约为225度;夏至日,日出的方向正好与两座祭坛的东北角所指的方位一致,约为北偏东45度,而日落方向正好与祭坛西北角所指的方位一致,约为305度。春分、秋分日,太阳则恰好从祭坛的正东方向升起,约为北偏东90度,从祭坛的正西方向落下,约为270度。

这样准确的规律显然不会是偶然的巧合,而且祭坛灰土框的修筑,除尺寸和角度之外,所在位置也应是经过精心设计与选定的:从瑶山与汇观山的实地观测来看,如果将灰土框移位,则会因为山脉的遮挡而无法在同样的角度看到日出日落;另外,瑶山祭坛的东北角、西北角以及正西方都恰好与远山两峰之间的凹缺处相对应,正南方则正对馒头山的顶峰,这样的对应位置也显然是经过实地勘测选定的结果。经过几千年的表面破坏,祭坛的四边已不像原初那样精确规范,测量时也可能会有一定的误差,但

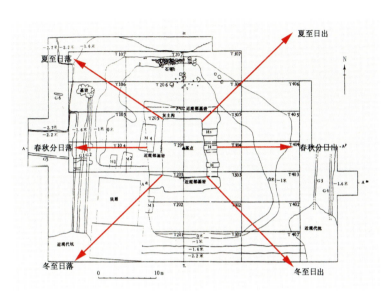

图 6-4 汇观山观象测年示意图

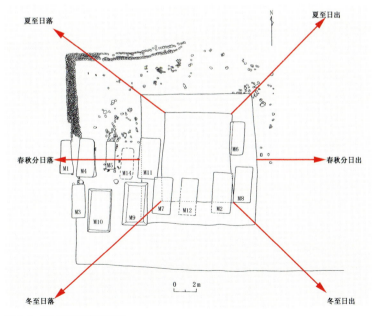

图 6-5 瑶山观象测年示意图

今天仍可以利用它们，准确地观测确定一个回归年的周期，这毫无疑问地证实了祭坛的实际功能。

瑶山祭坛

认识和掌握时间规律是人类科学发展史中的重要内容，尤其农业生产更是离不开历法知识。祭坛除了可用于观测太阳进行测年之外，还可能用于观测月亮以及其他天体。关于其他天体的运行规律与祭坛是否构成方位关系，这还有待于将来进一步的研究。

从等级上看瑶山与汇观山祭坛的贵族墓地是与城内反山一样的显贵墓地。汇观山墓地的M1、M2与瑶山墓地的年代相似，都属于良渚文化早期。他们或许都是良渚古城的设计者和建设者，也更可能是祭坛的建设者和使用者。当祭坛原先的设计功能被废弃以后，这里作为沟通天地的圣地，便成为他们死后永恒的居所。

虽然无法断定良渚文化是否已经发明了像周汉时期那样的移动式晷仪（图6-6），或者是否已经掌握了更简易的测定日影长度的圭表，但精心设计建造的祭坛在使用了一段时间以后就被轻易地废弃了，而且在良渚文化中期以后还未发现类似的祭坛，如何合理地解释这一现象，我们不妨对此进行大胆推测：

（1）对于祭坛的观象测年功能，良渚先民后来应掌握了一种更为简便有效的观测方法，使得观象地点的选择不再那么严格而固定，从而取代了那种在山顶上建造观象台的方式。良渚文化晚期出现在玉璧等器物上以鸟立高台为主题的符号，也可视为一种在高台上立圭表的象征（见图4-55）。

（2）对于祭坛的祭祀功能，建城以后的祭祀功能或许被移至莫角山台地，形成信仰层面的礼仪中心和权力层面的宫殿区合二而一，诚如后世王朝在皇城和都城内设置祖庙、天地坛等祭祀场所。

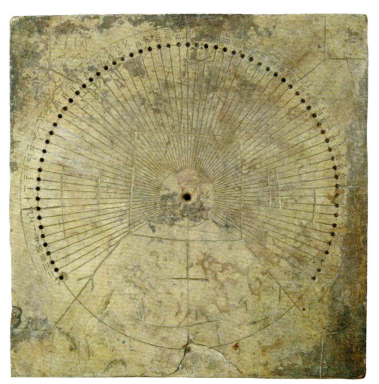

图 6-6　内蒙古托克托出土的晷仪
（转引自潘鼐. 中国古天文仪器史[M]. 太原：山西教育出版社，2005：64）

6.2 社会等级

6.2.1 等级墓葬

从良渚墓葬的发掘结果可知，良渚社会存在着明显而悬殊的等级与职能差异，已形成金字塔式的社会层级。这些差异主要表现在墓地形制、墓坑规模、葬具配备以及随葬品的种类与多寡等几个方面。据目前材料，良渚社会大致可分为三个主要的等级。

第一等级主要以浙江余杭的反山、瑶山、汇观山，江苏常州的寺墩，无锡的邱承墩，上海青浦区的福泉山等为代表，其中反山和瑶山两处的墓地保存较好，最具代表性（图6-7）。该等级的墓地以人工堆筑的大型土台或祭祀址为选地；墓坑大而深，一般长约3米，宽约2米，深约1米；有一重或两重的棺椁葬具；随葬品除鼎、豆、壶、罐等基本陶器组合外，以玉礼器为主，主要有琮、璧、钺、冠状器、三叉形器、锥形器和璜等。从反山和瑶山两处墓地的排列情况看，南北两排墓葬表现出明显的职能分工区别，而两排都以居中的墓葬规格较高、两侧渐低的方式排列，似乎是生前位次的一种反映。

反山、瑶山的两处墓地均只有10余座墓葬，等级规格较为统一，年代跨度不大且排列有序。这些情况反映了这个等级的墓葬，已超出了氏族家族式墓地的范畴，而是一种单纯的方国统领集团的墓地。如果以这些墓地作为良渚王国的中心，那么反山、瑶山与寺墩、福泉山的关系，反映出在良渚文化的范围内存在着不同地域的中心，而这些中心之间应该有一种联盟式的关系存在。

第二等级主要以浙江海宁的荷叶地、佘墩庙，桐乡的普安桥、新地里，平湖的庄桥坟，余杭的文家山，上海金山的亭林，江苏昆山的赵陵山等为代表。第二等级的墓葬主要埋在人工堆筑的专门墓地或小型的祭祀土台上。

图 6-7　良渚文化第一等级墓葬（反山 M12、寺墩 M3）

其墓地中既有少数以玉礼器随葬的大墓,又有不随葬玉礼器的普通墓葬以及儿童墓等。墓地中一般有几十座或者上百座墓。

大墓的墓坑规模与第一等级的墓葬相似,一般也有宽大的葬具,但随葬玉器的数量要远远少于第一等级墓葬;一个墓地中往往可见琮、璧、钺、冠状器、三叉形器、锥形器和璜等种类齐全的玉礼器,但每一座墓葬的玉礼器组合往往不完备,且多素面无纹,仅极少数玉琮琢刻有简化的神人兽面纹;在随葬玉礼器的同时,还常常随葬有石犁、石锛、石镰、石刀等生产工具(图6-8)。这表明这些墓主人的身份与第一等级纯粹的祭司统领集团有所不同,他们在做首领和巫师的同时,仍旧是氏族的一员,从事生产劳动。这些现象表明,第二等级的集团,应是以氏族或家族为单元的。

第三等级以散见于一般遗址或有集中墓地的普通小墓为代表,与第二等级往往共处于同一墓地。主要有浙江平湖的庄桥坟,桐乡的新地里,海宁的千金角、徐步桥,余杭的庙前与卞家山,江苏吴江的龙南,苏州的越城,上海闵行区的马桥,松江的广富林等。这些小墓多葬于居址附近,墓坑一般浅而小,长度一般在2米左右,宽1米左右;随葬品主要有鼎、豆、壶、罐等陶器,以及石钺、石镰、石刀、石锛等生产工具;其中约半数墓葬随葬有管、珠、坠等小件玉器(图6-9)。墓地规模从10余座到数十座不等,同一墓地中的墓葬一般没有明显的等级差异,这些墓葬应属于良渚社会的基础大众阶层。

良渚墓葬

除上述三个等级之外,在上海的福泉山,江苏新沂的花厅、昆山的赵陵山等遗址中,还见有无任何随葬品,处于从属地位的墓葬。这些墓葬数量较少,虽然不构成明确的等级阶层,但他们的地位却显然更为低下。此外,良渚文化地区间和等级内部也存在一定差异,细致的等级划分尚待将来进一步研究。

图 6-8　良渚文化第二等级墓葬（文家山 M1）

图 6-9　良渚文化第三等级墓葬（卞家山 M61）

6.2.2 聚落分化

目前，环太湖流域共发现良渚文化遗址 600 余处。在良渚古城以外，形成多处聚落群和等级低于良渚古城的区域中心，其中遗址分布最集中的区域有三处：太湖东南部的嘉兴地区、太湖东部的苏南－沪西地区、太湖北部的常州地区。这三处遗址群都发现等级比较高的遗址，如太湖北部的寺墩遗址，太湖东部的福泉山、草鞋山遗址，太湖东南部的姚家山、荷叶地等遗址，这些遗址都是人工营建的大型土台，其上均发现有随葬玉琮、玉璧、玉钺的良渚权贵墓葬。可见，良渚文化的聚落分化明显，在高等级聚落中心周围通常凝聚着数量众多的面积从数千到数万平方米不等的中小型村落遗址。

陈明辉先生指出，环太湖区域同时期良渚文化遗址群之间存在四级聚落结构：都城（面积超过 300 万平方米，仅良渚古城）、城（面积数十万至百万平方米，如寺墩、福泉山）、镇（面积 10 余万平方米，如赵陵山）、村（面积数千至数万平方米，如庙前）四级聚落结构（图 6-10）。

良渚聚落

严文明先生曾在 2016 年良渚遗址考古发现八十周年学术研讨会上表示："假若良渚是一个国都的话，那些地方（指福泉山、寺墩等）就是各个州郡所在地，这就是一个很像样的广域王权国家了"。赵辉先生也认为良渚是以良渚古城为中心的"中央"联系着各个"地方"中心的"地域国家"。

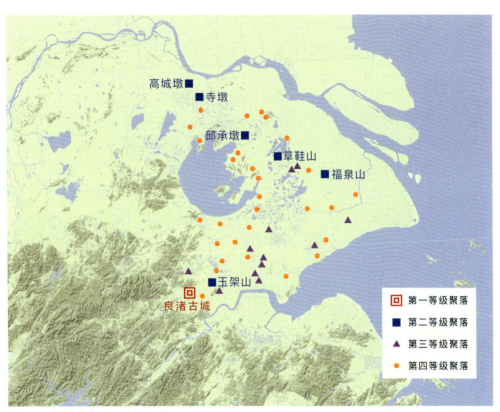

图 6-10 良渚文化等级聚落分布示意图

6.3 权力变迁与礼制建立

6.3.1 权力变迁

（1）统一的神权。距今5 300年左右，太湖流域的崧泽文化发展为良渚文化。此时区域内的文化面貌表现出高度一致，产生了人们共同信仰的统一神灵。赵辉先生认为，"在世界范围内，一神教是后起的、高级的宗教形态。它的发生兴起都和民族崛起、国家政治集权化等大型事件有关。……因此，一神教不仅仅是人民自发而纯粹的精神信仰，其本质是按照需求被创造出来的政治宗教。"结合良渚文明进程中的突变现象，这个神人形象肯定代表某个创世纪的人物，曾在从崧泽向良渚的社会转型中起到凝聚人民力量的重大政治作用，对良渚社会产生过巨大的影响。与世界诸多文明（或含起源阶段）的早期国家或成熟国家对比，具有一神教的现象实为罕见，更多存在的是自然神或祖先崇拜类的信仰方式。

值得指出的是，除了神徽和鸟纹外，在良渚文化早期还有一种龙首纹，该纹饰与神人兽面纹具有明显的种属差异。龙首纹玉器在太湖流域的出现始于崧泽文化末期，同时期的红山文化和凌家滩文化也有关于龙的不同表现形式，反映了区域间的文化交流与影响。良渚文化早期，出现了以环形玉器为主的龙首纹表现方式，以及其他一些形态的变体形式，并且有与神人兽面神徽共出的现象，反映出两种崇拜偶像的融合。但从随葬情况看，在反山、瑶山虽出土有多件龙首纹玉器（图6-11），但只集中于两三座墓中，这或许仅是在祭祀本源上不同谱系的一种反映和保留，为研究原始宗教中从多神到一神的转变融合过程提供了珍贵资料。

（2）神权与王权的重心位移。在良渚古城的高等级墓葬中，瑶山和反山是最具代表性的。两处墓葬的差异在于：瑶山墓地（距今约5100年）位于古城外东北方向约5千米处，先于古城建造，墓葬叠压在早期祭坛遗址之上,似与神权的关联较为密切;反山墓地(距今5150—4950年)则紧邻古城中心的莫角山宫殿区,与莫角山同期并存,与王权兴起表现出更密切的关系。

继瑶山之后的反山贵族统治时期,良渚社会集中开展了一系列大规模建设工程,包括城外水利系统和良渚古城两项大型工程建设。此现象揭示出在这个早期国家的崛起过程中,王权的兴起伴随着大规模建造工程的

图 6-11 龙首纹玉镯

组织管理行为；更为准确地说，当时大规模建设工程的组织管理需求极大地促进了良渚社会的复杂程度，提升了现世管理者的地位，促成了王权的兴起。

（3）神权和王权合一的国家形态。受大型工程组织管理能力的挑战，良渚社会的王权明显上升，至反山墓葬出土刻有"神人兽面纹"最为经典的玉琮和玉钺时，大致可以推论良渚文化此时已实现了神权与王权集于一人的统治形态，形成所谓"神王之国"的早期国家形态。这种良渚时期出现的国家形态——以祭祀与军事作为国家公权力的主题，在其 2 000 多年后中国最早的编年体史书《左传》中仍被明确提及"国之大事，在祀与戎"。尽管春秋战国时期国家的社会结构已经发生了诸多变化，但将祭祀活动用作维护国家公权力的重要功能仍被统治者所承续，并由王者履行之。中国古代视作正统的"君权神授"理念，可在距今 5 000 年左右的良渚反山墓葬中获得直接物证。

6.3.2　礼制建立

礼是古代中国社会的秩序体现，是中国传统文化的核心。《礼记》中说："夫礼者，所以定亲疏、决嫌疑、别同异、明是非也。""君臣、上下、父子、兄弟，非礼不定"，"班朝治军，莅官行法，非礼威严不行；祷祠祭祀、供给鬼神，非礼不诚不庄"。礼的制定不仅可以维持等级社会的秩序、保障社会组织的高效运行，同时还可彰显统治者的王权、区分社会等级。随着王权的兴起，良渚统治者相应地建立起一套礼制系统作为社会等级和秩序的规范。

（1）玉礼器系统

"藏礼于器"的观念在中国由来已久。《左传·成公二年》引孔子语"器以藏礼"。礼的思想虽然崇高深远，但只有以具体的器物作为载体才更能给人直接的感染力。

围绕着神权、王权和军权，良渚先民设计了一整套玉礼器系统，如玉琮象征神权，玉钺象征军权（而当玉钺上刻有神徽和鸟纹，以及将神冠加在权杖上面，那么军权与王权便被赋予了神的意志）等。它们通过器形、纹饰、组合和数量来表现拥有者的身份等级和性别差异，维系着社会政权组织，使之有序运行。与礼仪系统相对应的，是对统一神徽的表现。这在良渚玉器上表现得更为明显，良渚先民不仅在许多玉器上雕刻有神徽图案，而且玉琮、玉钺柄端饰、冠状器等许多玉礼器的构形都与表现这一神徽有着直接的关系。这种信仰与政权的物化结合正是良渚神王之国的重要见证。

与崧泽文化相比，良渚文化的玉器在数量、体量、种类以及雕琢工艺上，都有了很大的发展。这似乎有些一夜而就的感觉。这种跳跃式的发展也正伴随着王权的兴起。随着良渚社会深刻和剧烈的变化，崧泽文化的风格被一套以神人兽面、鸟、龙为题材的纹饰系统迅速取代了，意味着良渚先民形成了一套新的思想观念。人类社会每当面临重大转折的时候，必定会产生与之相适应的社会意识和宗教信仰。在以色列人建立早期国家的过程中、在雅利安人向次大陆的拓展中、在春秋战国的剧烈动荡中，这种情况反复上演。从崧泽文化到良渚文化的变化，再次提供了这样一个实例。

（2）古城形制

良渚古城在空间布局上呈现出以莫角山为中心的向心式三重空间结构，凸显出一种非常强烈的人为规划设计意图，即形成由宫（皇）城、内城和外城组成的一套都城规划形制。与世界其他地区以神庙和市场作为城市中心的早期城市文明规划特征相比，良渚古城所揭示的空间规划特征堪称中国传统文明的杰出范例。

古城具有多重结构，核心区位于最内重，如此布局揭示了良渚古国意欲借助空间秩序的规划，建立和强调权力的中心场所，明确社会阶层差异。这种维护和强化社会分级的空间规划手法，正是"藏礼于器"的表现，在其后约 5 000 年的中国古代都城规划史上不断得到体现，在中国古代社会后期渐成范式，并伴随唐宋文化在东亚地区的传播，对东北亚地区一些国家的都城规划产生了重要影响。

莫角山宫殿区位于古城核心位置，其上还有大型宫殿遗址，可能是良渚古城最高统治者日常居住和行政管理的地方。结合瑶山和汇观山遗址的贵族墓葬打破祭坛遗址，以及反山墓地却没有发现祭坛等现象，考古工作者推测建城以后的祭祀功能或许被移至莫角山宫殿区，即莫角山成为古城兼具祭祀活动与权力活动的中心功能区，这与良渚时期早期国家形态的特征一致。

良渚古城的规划崇尚以中为尊：古城选址处于北部大遮山、南部大雄山与西面窑山的三山居中位置，有一种以山为郭的感觉；莫角山宫殿区又居于古城的几何中心，与后世所推崇的"择国之中而立宫"的宫室规划观念相符合。

良渚古城的建筑设计以高、大为崇：莫角山宫殿区利用自然山体进行堆筑，高于地表 10 多米，而从莫角山宫殿区、城墙到外郭，其堆筑高度由内而外逐步降低，显示出一种等级差别；莫角山宫殿区面积约 30 万平方米（占古城面积的十分之一），工程土方量约为 228 万立方米，接近古埃及胡夫金字塔的石方量（约 250 万立方米）；从大莫角山的建筑基址及河道中出土的巨大木构件不难想象当年良渚宫殿的恢宏。

这种借助居中与高耸、宏大的建筑设计手法，展现出统治者对地位的强调和凸显。考虑到莫角山的祭祀功能，或许与众多早期国家甚至是成熟国家的金字塔式的高台建筑一样，存在更接近上天，以借助神之力量的寓意。这种建筑传统是世界文明发展史上所具有的普遍现象，在不同的地理－文化区域多有表现，在相当长的历史阶段以"君权神授"的理念得以流传。

（3）墓葬规制

墓葬规制是礼制的重要组成部分。良渚的墓葬制度具有以下特点：

第一等级墓地的墓葬数量较少，等级规格较为统一，年代跨度不大，属于国家统领集团的墓地；南北两排墓葬表现出明显的职能分工区别，都以居中的墓葬规格较高、两侧渐低的方式排列，似乎是生前位次的一种反映。墓葬的随葬品以玉礼器为主，组合完整。

第二和第三等级墓葬多属于氏族家族式墓地。第二等级墓葬的随葬玉器数量要远远少于第一等级墓葬，每座墓葬的玉礼器组合往往不完备，且多素面无纹，在随葬玉礼器的同时，还常常随葬大量的石器生产工具。第三等级墓葬的墓坑较为浅小，随葬品以陶器和石器等生产、生活用具为主，部分随葬有装饰类的小件玉器。

男性与女性墓葬随葬品区别明显，如玉钺、玉三叉形器、成组玉锥形器为男性贵族所专有；而玉璜、玉纺轮、玉织具为女性贵族所用。

在高等级的墓葬中，一般只见透闪石类的软玉，而在中等级的墓葬中往往有叶蜡石等其他材质的制品，反映出玉料使用上的等级区别。

除玉礼器系统、都城形制和墓葬规制外，良渚文化的其他方面，如城乡分野、不同等级的聚落结构、大型工程的组织管理、整个太湖流域统一的文化面貌等，都是良渚文化神权与王权礼制的表现。

广东石峡文化出土的良渚式玉琮

第 7 章　余韵遗响

　　良渚文化经历了约 1000 年的稳定发展。人们日出而作，日落而息，生生死死。全在于此。到了距今 4300 年前后，内外环境的变迁让盛极一时的良渚古国最终尘封于历史的长河中。但良渚文化诸多的文化因子为后世所广泛地借鉴、吸收，对中华古代文明的形成发展产生了重要而深远的影响。

7.1　古国深处

　　良渚晚期，古城内人口大量增加。由于良渚先民长期进行大型工程营建，修筑宫殿、居住地和墓葬，从而加剧了这一带环境的变化，可能存在水土流失加上缺乏疏浚，致使河流淤塞，抵御自然灾害的能力似乎变得越来越差。

　　城墙上住满了人，人们随意往河里倾倒垃圾。莫角山宫殿区的周围，原来的码头和低洼地填满生活垃圾，有的垃圾层上面被重新铺垫黄土，建筑居舍。靠近城墙的内外城河，有许多地段已被垃圾填平，失去了原有的交通功能。一些城门的边上都被倒满了垃圾。西城墙和东城墙都发现有被铲平损毁的地段。

　　此外，至今还没有发现像早期瑶山、反山那样排列有序的晚期墓地。仅在反山、汇观山、文家山等地发现了几座零星的晚期贵族墓葬。

　　这一切好像都在指向一个可能：良渚王国衰落了。也许是王都迁徙了，也许有我们无法猜测的原因。

　　与此同时，中国的龙山时代来临。黄河中下游的中原地区力量不断壮大。良渚文化最终没能取得与中原抗争的胜利。一段有关蚩尤部族传说的历史，给我们理解那个年代的故事提供了一种想象的空间。据《史记·五帝本纪》记载："蚩尤作乱，不用帝命。于是黄帝乃征师诸侯，与蚩尤战于涿鹿之野，遂禽（擒）杀蚩尤。"

现阶段，我们当然不能将良渚文化与蚩尤部族对应起来，但良渚的精英们也许真的在与中原的对抗中战败了，因此他们所拥有的玉琮出现在了远隔数千里的延安芦山峁遗址，更北面的榆林神木石峁古城遗址也发现了被切割的良渚式玉琮。随着这些考古发现，我们在传说史中渐渐地看到了一些历史真实的身影。

随着代表社会上层的玉器的四散，那个曾经辉煌的王国似乎已走向历史尘封处。

莫角山宫殿区

7.2 外延与传承

良渚文化的外延和传承

早在 20 世纪 70 年代后期,良渚文化作为太湖流域一支有自身发展序列的新石器时代晚期文化,成了研究者的共识。在整个环太湖流域,以玉器为代表,尤其是对神徽的刻划,表现出惊人的统一。这使研究者们越来越感受到这一文化的内在凝聚力和政权的统一性。

在其外延的研究上,在浙江省宁波慈湖遗址、奉化名山后遗址等许多遗址上,考古工作者都发现了良渚文化遗存。在向北的扩展中,江苏新沂花厅遗址表现得最为突出,这里既有良渚文化的东西,又有大汶口文化的东西。研究者认为这是良渚文化北渐扩展或古国之间联姻的原因。但无论如何,这种代表权力和信仰玉礼器的出现,应是良渚古国疆界和权力所及的一种表现。此外,更远的广东石峡文化也有多处遗址发现了良渚文化的玉琮等遗物(图 7-1)。对于这些相距数千里,中间缺乏联系的文化现象,目前虽然尚不能很好地解释,它们是为什么且以何种方式到达这些地区的,但却能从一个侧面反映出良渚文化在中华民族共同体形成过程中一定起到过非凡的作用。

对于良渚文化后续的研究,近年来考古工作者发现山西陶寺遗址出土的玉琮上有横的分节以及四面的竖槽,这显然是良渚玉琮传播演化的产物。陕北延安芦山峁,神木石峁以及新华等龙山时代的遗址中,出土了良渚式玉琮,不仅四面有竖槽和分节,而且还刻有与良渚玉琮一致或相似的神徽,这显然是直接吸纳或借鉴了良渚文化的因子。二里头、殷墟等许多夏商时代的遗址中,也都发现了源自良渚文化的玉琮、玉璧等玉器。四川广汉三星堆以及成都金沙等商周时代的遗址中也发现了良渚式玉琮、玉璧等(图 7-2 至图 7-5)。这些发现可为理解良渚文化的后续发展,以及中华文化从多源走向一统的融合过程提供启示。

图 7-1　广东石峡文化出土的良渚式玉琮

图 7-2　山西陶寺文化玉琮

图 7-3　陕西延安芦山峁玉琮

图 7-4　殷墟玉琮

图 7-5　金沙遗址玉琮

7.3 何以谈良渚

现在我们知道"延绵不断、多元一体、兼收并蓄"是中华文明历史进程的发展脉络。在这一历史进程中，良渚做出了重要贡献，扮演了十分重要的角色，那么良渚文明和良渚申遗为什么重要？这与国际和国内社会过往在对待中华古代文明起源发展这一重大命题上的理解与认识有着莫大的关联。

历史上，西方社会在中华文明起源的认识上曾经有过两种观点。一种观点认为中国古代文明是西方文明传播的产物；还有一种观点是根据"文明"的认定标准——城市、礼仪性建筑、文字、冶金术，认为中华古代文明的开端不是在炎黄时代、尧舜禹时代，也不是在夏朝，而是在商朝，甚至是晚商。国内特别是在上世纪 20 年代田野考古学还未进入到中国以前，由于长期受到狭隘历史观的影响，认为中原地区才是中华古代文明起源的中心与发祥地。

田野考古学为我们正确认识中国古代文明的起源发展脉络提供了一把

良渚博物院

"金钥匙"。考古工作者上世纪80年代以来的发掘研究,已能证实:早在距今五、六千年之际,在中华大地上,国家形态已经出现。当时的国家(政权)的形态是神权与王权并重的神王之国,后来的演变,是王权日益高于神权,至夏商周时期,就形成了凌驾于神权之上的王朝王国政权形态;东周巨变,至秦发展为皇朝帝国,随之"百代皆行秦政制"。中华文明五千年传承有序,现在已经不再是一个问题了。

中原中心说

良渚文化和良渚古城遗址是支撑中华文明肇始于五千年之前这一判断的目前最为重要的考古学证据。特别是良渚古城和外围水利系统的发现,它是现今已发现的中国以及东亚地区乃至世界上,距今五千年同时拥有城墙和水利系统的规模最大、保存最好、考古认识最清楚的都邑遗址,是良渚文化进入成熟文明和早期国家阶段的重要标志。良渚古城遗址成功申报世界文化遗产,也标志着中华五千年文明史得到了国际社会上的普遍认可。

玉冠状器

尾声

天下大势，浩浩汤汤。良渚古国衰亡之后，良渚这片神奇的土地直到战国时代，才重新有人来到这里，开始新的繁衍生息。这时的良渚，相继隶属于越国、楚国。秦王政二十五年（公元前222年），已经兼并了楚国的秦国，设立了余杭、钱唐两县，良渚古城一带分属这两县。

到了南宋时期，当时著名的方志《咸淳临安志》中记载了一个叫"梁渚"的"里"（乡以下的基层居民组织）。这个"梁渚"就是后来的"良渚"。明万历年间的《杭州府志》中已经出现了"良渚桥""瓶窑"这样的地名。清光绪年间的《浙江全省舆图并水陆道里记》已经标注了良渚镇。宣统二年（公元1910年），钱塘县设立了瓶窑乡。民国时期曾设瓶窑区，下辖良渚镇和瓶窑镇。此后行政区划虽多有调整，但"良渚"与"瓶窑"的称呼始终未改，直到现在。

从1936年施昕更先生发现良渚文化遗址开始，到2019年良渚古城遗址申报世界文化遗产成功，通过几代人孜孜不倦的努力，良渚一带从默默无闻的江南小镇，逐渐成为实证中华五千年文明史的圣地。

青山依旧在，几度夕阳红。现在的良渚古城一带，已经建成了良渚博物院和良渚国家考古遗址公园，成为我们认知良渚文明与良渚古国的最佳去处。如今的我们依然可以站在良渚古城宫殿区的莫角山上，遥想她5 000年前的绝世风华……

玉钺

附录一 良渚考古、保护、弘扬传承大事记

  从 1936 年至今，良渚古城遗址的考古研究已经走过了 85 个年头，经历了从单体遗址到遗址群考古再到古城都邑考古的三个发展阶段。作为中国新石器时代晚期的重要遗址，80 余年的发掘、研究和认识过程决定了对它的保护管理是随着考古研究的不断深化而逐步提高和完善的。特别是在中华人民共和国成立后，良渚古城遗址的保护管理始终遵循"保护为主、抢救第一、合理利用、加强管理"的文物工作方针，政府的协调管理、公众的自觉保护，从而使得良渚古城遗址真实、完整、科学、有效地保存至今。2019 年，良渚古城遗址成功申报世界文化遗产，让良渚古城遗址成为全人类共同的宝贵财富。阔步走向世界的良渚古城遗址，保护永远在路上……

良渚考古大事记

第一阶段（1936—1985 年）单体遗址考古

  1936 年 施昕更在良渚镇发现良渚遗址。
  1959 年 夏鼐提出"良渚文化"的命名。
  1981 年 发掘吴家埠遗址，随后设立吴家埠工作站。

第二阶段（1986—2006 年）遗址群考古

  1986 年 提出良渚遗址群概念。
  1986—1993 年 发掘反山、瑶山、莫角山遗址、汇观山。
  1996—1997 年 试掘塘山遗址。
  1997—2002 年 大规模调查良渚遗址群，发现 135 处遗址。

第三阶段（2007 年至今）古城都邑考古

  2007 年 发现并确认良渚古城四面城墙。
  2009 年 成立良渚遗址考古与保护中心。
  2019—2013 年 对城址区 10.8 平方公里范围进行全面勘探，确认良渚古城外城。
  2009—2015 年 发现和确认良渚古城外围大型水利系统。
  2014—2020 年 大规模揭露莫角山、姜家山、池中寺等城内遗址，持续对城址区以外进行全面勘探。

良渚保护大事记

第一阶段（1936—1985 年）单体遗址保护

  1956 年 良渚遗址被公布为第一批省级一等文物保护单位。
  1961 年 良渚遗址被浙江省列为第一批省级文物保护单位。

第二阶段（1986—2005 年）大遗址保护

  1987 年 成立良渚文化遗址管理所。
  1995 年 浙江省政府颁布《良渚遗址保护总体规划》。
  1996 年 良渚遗址群被国务院公布为第四批全国重点文物保护单位。
  2001 年 成立"浙江省良渚遗址保护专家咨询委员会"。
  2001 年 成立杭州良渚遗址管理区管理委员会（浙江省杭州良渚遗址管理局）。
  2002 年 颁布《杭州市良渚遗址保护管理条例》。

第三阶段（2006 年至今）国家考古遗址公园保护
    2010 年   良渚考古遗址公园被列为首批国家考古遗址公园。
    2013 年   浙江省政府颁布《良渚遗址保护总体规划（2008—2025）》。
    2017 年   杭州市政府公布《良渚遗址保护管理规划（2017—2035）》。

弘扬传承大事记

第一阶段（1936—1985 年）良渚文物展示为主
    1976 年   良渚遗址入展《浙江省十年考古新成就展览》。

第二阶段（1986—2005 年）良渚文化展示为主，写入地方乡土教材
    1994 年   良渚文化博物馆建成开放。
    2003 年起   良渚文化知识借乡土教材走入余杭区学生课堂。

第三阶段（2006 年至今）遗址公园展示为主，写入全国历史教材，成为世界文化遗产
    2007 年起   "良渚文化"写入全国中学历史教科书。
    2008 年   良渚博物院建成开放。
    2010 年   良渚国家考古遗址公园被列为首批国家考古遗址公园。
    2011 年   中国邮政发行良渚文化玉器特种邮票。
    2019 年   良渚古城遗址被列入《世界遗产名录》。
    2019 年   "良渚与古代中国——玉器显示的五千年文明"展在故宫博物院武英殿建筑群落展出。
    2019 年   "良渚古城遗址"展项在第二届中国国际进口博览会国家展·中国馆展出。
    2020 年   中国邮政发行《亚洲文明（一）》良渚玉琮特种邮票。
    2020 年   杭州市十三届人大常委会第二十八次会议审议通过，决定将每年 7 月 6 日设立为"杭州良渚日"。
    2023 年   杭州第 19 届亚运会火种采集仪式在浙江杭州良渚古城遗址公园举行。
    2023 年   中国邮政发行《国家考古遗址公园》特种邮票一套 4 枚，良渚国家考古遗址公园位列其中。

玉管

附录二 良渚博物院、良渚古城遗址公园简介

良渚博物院

良渚博物院是专门收藏良渚古城遗址出土文物的考古遗址博物馆，展览以"良渚是实证中华五千多年文明史的圣地"为主题，按照"水乡泽国""文明圣地""玉魂国魄"的叙事脉络，以608件（组）文物为展品，向观众立体完整地呈现了一个分布在中国长江下游环太湖流域、距今5 300—4 300年间的区域复杂社会形态，深刻地揭示了以良渚古城遗址为代表的良渚文化已经进入了成熟文明和早期国家阶段。

良渚古城遗址公园

良渚古城遗址公园是良渚古城遗址厚重历史文化最为典型、最为直接的物质载体，规划总面积为14.33平方千米，公园对外开放面积3.66平方千米。作为中国大型土遗址的代表，通过环境修复、绿植标识、雕塑小品、数字展示等手段，既保存了良渚古城遗址水草丰美的自然环境，又破解了土遗址内涵展示的世界性难题，拉近了古老文化与现代文明的距离。

良渚古城遗址公园南门

良渚古城遗址公园南城墙展示点

良渚博物院内景

良渚博物院官网

良渚博物院虚拟漫游

良渚博物院内景

良渚古城遗址公园鸟瞰图

良渚·附录二

良渚古城官方微信
公众号

良渚古城遗址公园
虚拟漫游

内容简介

良渚是实证中华5 000多年文明史的圣地，2019年良渚古城遗址被列入《世界遗产名录》。本书是当前良渚古城遗址及良渚文明研究的标准普及读本，各项学术观点以《良渚古城综合研究报告》和《良渚古城遗址申报世界遗产提名文件》为基础，同时结合良渚博物院基本陈列及"良渚与古代中国——玉器显示的五千年文明"展览为依归。全书图文并茂，体现融媒体传播途径。该书内容立足全局，在5 000年前世界和中国的图景下阐述良渚文明，介绍了良渚时代的自然环境与良渚古国的兴起，良渚古城的规划、选址与营建，水国王都的独特格局，饭稻羹鱼的生活方式以及以玉器为代表的精神文明和神权信仰，并概述了良渚文明的衰亡与影响，突出了良渚古城遗址的价值内涵。融媒体内容，扫码观看，内容虚拟复原了良渚古城，多角度呈现了良渚古国的方方面面。

图书在版编目（CIP）数据

良渚/良渚博物院，良渚研究院组编；骆晓红，赵晓豹主编. —南京：东南大学出版社，2020.8
 ISBN 978 – 7 – 5641 – 8926 – 6

Ⅰ. ①良… Ⅱ. ①良… ②良… ③骆… ④赵…
Ⅲ. ①良渚文化-古城遗址(考古) –研究 Ⅳ. ①K878.34

中国版本图书馆CIP数据核字（2020）第095623号

良渚 Liangzhu

组　　编	良渚博物院　良渚研究院
主　　编	骆晓红　赵晓豹
出版发行	东南大学出版社
社　　址	南京市四牌楼2号（邮编：210096）
出 版 人	江建中
责任编辑	戴　丽　宋华莉
书籍设计	皮志伟　余武莉
经　　销	全国各地新华书店
印　　刷	上海雅昌艺术印刷有限公司
开　　本	700 mm × 1 000 mm　1/16
印　　张	11.75
字　　数	162千字
版　　次	2020年8月第1版
印　　次	2023年11月第3次印刷
书　　号	ISBN 978 – 7 – 5641 – 8926 – 6
定　　价	128.00元

本社图书若有印装质量问题，请直接与营销部联系，电话：025-83791830。